北京话语汇

金受申 编

北京出版集团
北京出版社

图书在版编目（CIP）数据

北京话语汇 / 金受申编 . — 北京：北京出版社，2020.11
ISBN 978-7-200-15095-7

Ⅰ. ①北… Ⅱ. ①金… Ⅲ. ①北京话—通俗读物 Ⅳ. ① H172.1-49

中国版本图书馆 CIP 数据核字 (2019) 第 172754 号

总 策 划	安 东 高立志	项目统筹	司徒剑萍
责任编辑	高立志 魏晋茹	责任印制	陈冬梅
封面设计	田 晗		

北京话语汇
BEIJINGHUA YUHUI
金受申　编

出　　版	北京出版集团
	北京出版社
地　　址	北京北三环中路 6 号
邮　　编	100120
网　　址	www.bph.com.cn
总 发 行	北京出版集团
印　　刷	北京华联印刷有限公司印刷
经　　销	新华书店
开　　本	880 毫米 ×1230 毫米　1/32
印　　张	12
字　　数	221 千字
版　　次	2020 年 11 月第 1 版
印　　次	2020 年 11 月第 1 次印刷
书　　号	ISBN 978-7-200-15095-7
定　　价	68.00 元

如有印装质量问题，由本社负责调换
质量监督电话　010-58572393

序

老舍

我生在北京，一直到二十多岁才去糊口四方。因此，在我写小说和剧本的时候，总难免用些自幼用惯了的北京方言中的语汇。在用这些语汇的时候，并非全无困难：有的听起来颇为悦耳，可是有音无字，不知应当怎么写下来；思索好久，只好放弃，心中怪不舒服。有的呢，原有古字，可是在北京人口中已经变了音，按音寻字，往往劳而无功。还有的呢，有音有字，可是写下来连我自己也不大明白它的意思与来历，闷闷不乐；是呀，自己用的字可连自己也讲不出道理来，多么别扭啊！原来，北京话的语汇中，有些是从满、蒙、回等少数民族的语言中借过来的，我没有时间做研究工作，所以只能人云亦云，找不到根源，也就找不到解释。

一九六一年，金受申同志编了一本《北京话语汇》，由商务印书馆出版。受申同志也是北京人，并且是个博闻广见的北京人。他熟知北京的掌故，"三教九流"广为接触，这就使他对北京的语言也多知多懂，能够找出来龙去脉。这本小书给我解决了不少问题：从前找不到的字，现在可以找到了；来历不清楚的，现在也可以弄清楚了。有了这本小书，我的确更了解些北京话了！即使在推广普通话以后，我有意地控制自己，少用些北京话中独有的语汇，可是能够多了解些自己的乡土话，不能不是一件痛快的事。况且，语言的发展变化是十分复杂的。已然不大通用了的话会忽然复活。近来，小学生们又很喜欢用"柴"来表示"不强"与"劣等"了。五六十年前，这是个很普通的字，"九斤黄"等优种鸡叫作油鸡，大鸡蛋叫作油鸡蛋，而那种弱小的鸡与小蛋则被称为柴鸡、柴蛋。似乎有好些年没听见这个字了，也不知怎么近来却复兴起来，小学生们都以"棒"为褒，以"柴"示贬了。谁敢说，受申同志所记述的那些较老的语汇，有朝一日不也会返老还童呢！

　　《北京话语汇》即将再版，受申同志细心修订，增加了三百多个语汇，并在释文中运用了一些社会资料，还采录了几位北京籍作家的著作中用过的北京话语汇。这样，他不但使我们看到一些语言与生活的关系，而且还能帮助我们深入地了解《红楼梦》等文学名著的一部分语汇，加强欣赏能力。

　　我不是语言学与音韵学专家，没有评论这部书的资格。我只能就它对我有哪些好处，写这么几句话。至于书中容或也有某些解释未能完全正确，那就请专家们提供意见，大家讨论吧。

编写人的话

《北京话语汇》修订完了，自然还要说几句编写人的话。首先要说的，就是：编写这本书的主要意图，并不是想请读者学习"北京话"，而是想提供给研究"北京话"的同志们一些有关语言变化的社会资料。"北京话"在发音上虽然大部分和"普通话"相同，但究竟是地方话。地方话是有区域局限性的，甚至各阶层使用的语言也有不同。《儿女英雄传》第三十四回，写安骥进考场的时候，听了两起人说的话，一起，他能懂，一起，他茫然不懂。这两起说话的人和听话的安骥，都是北京人，为什么有这种隔阂呢？这就可以说明各阶层使用的语言，并不是完全相同的。所以要想编写一本地方话语汇，必须广为搜集各阶层习用的语汇，并且要多所接触，以便熟悉他们运用语汇时的尺度、声调，才能成为一本好的地方话语汇。另外，在编写过程中，不能预先悬定一个标准：某阶层语言可以采用，某阶层语言不能采用。如果要是这样的话，就会遗漏掉许多丰富多彩、形象生动的语汇。编这本《北京话语汇》，在最初一拿笔时，就考虑到了这个问题，所以不怕人笑我"多知鄙事"。我是把搜集来的北京各阶层语言，都分别体验了一番，然后，汰除了形象不健康、思想不健康的语汇，写成了这本小书，供读者研究参考。

　　北京历经金、元、明、清几朝建都，已然有了八百多年历史。作为一个首都，各地往来自然是频繁的，北京话当然也不能不吸收一部分外地的语言；金、元、清三朝统治者，又都是少数民族，因此，北京话当然也吸收了一些少数民族的语言。这样，北京话的语汇，就越来越丰富了。

　　人们说话时，不单要说得清楚，还要说得有力量、生动，于是便用形容词来打扮一番，让语言形象化起来；人们说话时，总嫌单用一个形容词太显得"干蹶儿"，说起来不那么受听，于是便用一些状语、词尾、嵌字等，打扮一番，让语言活泼起来。另外，在四声上，利用重读、轻读，或改变四声的读法，来显示说话人的感情、语气等等，这样，北京语汇就更丰富起来了。

　　语言是历史的产物，一代一代流传下来，好的保留，不好的淘汰了。同时，人们在生活中创造的新语汇，又一代一代地增加进去，听凭时代和后人"过筛子"。

　　过去，一般写作的人，都有这么个习惯，提起笔来想给某一个姿态、形象做一番描写，或记一个口语，总先想一想：字典里有没有这个字呀？能不能写呀？甚至就不敢下笔，也不敢直接采用借用字，这样，只想从书本上去找根据，语汇就不能不贫乏了。所可喜的，从金朝以后，那些真正为人民写作的文学家，注意到了民间语汇的丰富多彩，注意到了民间语汇的创造规律，便将许多生动的民间语汇采用到院本、杂剧里去，并使用了代用字，这样，给丰富多彩的民间语汇，保留了一大批资料。例如：形容一个胖人、一个胖娃娃，胖得肉都一动一动的了，如果用直接的写法：

"这个胖娃娃，胖得肉都一动一动的了。"

这还像话吗？这形象还不干瘪吗？可是北京话是这样来形容的：

"这个胖娃娃，胖得肉都dēn le lēn dēn的了。"

这样形容，生动是够生动的了，可是没有注音符号，没有汉语拼音以前，这几个字怎么写呢？实则早在董解元写的《西厢记》里，就用借用字，写作了"邓虏沦敦"的，他形容一个胖人的大肚子说：

"生得邓虏沦敦着大肚子。"

这是一种创造，而且是很好的创造。缺点是记音不准确，单凭汉字直念起来，还是不够生动活泼的，所以这里就显示了注音符号、汉语拼音的优越性。

北京话里，形容词是很丰富的，但单用形容词，语言还不免有太干燥的毛病，必须加状语或形容词叠用等方法，来显示语言的活泼。这种装饰语言的方法，也早在宋朝就有了，洪迈写的《夷坚志》里，便有"便没兴不即溜底"的说法，可见这种装饰语言的方法，古人已经使用过，可惜那些高文典册里，竟很少记这些活泼生动的语言。北京话的形容词可归纳出六种不同的用法：

一：形容词前面加状语

例："这个果子太（tuī或tēi）酸。"

例："这盘炒菜齁（hōu）咸。"

二：形容词叠用

例："你这个人马马虎虎的。"

例："累得人滋歪滋歪的。"

例："酿些兀兀秃秃的酒与他。"（见"元曲"武汉臣写的《生金阁》）。

三：形容词叠用，前面加状语

例："你太（tuī或tēi）大大咧咧的了。"

例："看他那瞎磨磨蹭蹭的样子。"

四：单音形容词加词尾（多半加三个字，这里加的字多半没有什么确切的意义）

例："酸不唧撩的，吃什么劲儿。"

例："这张饼，糊不刺唧的。"

五：双音形容词，把两字切开，中间加两个嵌字

例："这个糊里巴涂的人。"

例："这件事让人恶剌巴心的。"

六：双音形容词，前面加两个字作状语，这状语的头一个字和这形容词的头一个字相同

例:"这个人慌里慌张的。"

例:"这么大人,孩里孩气的。"

北京话形容词的这六种用法是我在编写《北京话语汇》过程中归纳出来的,不知道完备不完备。写出来,说明北京人说的地方话,也是有规律的。形容词上加单音副词,如举例中的太、躺、瞎,必须念阴平,才适合北京口语。如果太字念本读音tài,就是普通话的读法,可见推广普通话,首先必须矫正字音的读法。研究地方话,光凭读文字,是不行的,必须学习汉语拼音,随时听了,马上记音,并且必须注意四声的调号。就这样,如果不知道某某字的轻读重读,某字吞入某字,学说起来,仍是不免"哏(gěn)来哏气"的。

北京话里,常常有本字不念本读音的,甚或一个字的几个读音都有意义,各有不同的用法,在人们口头上经常说着,但是却没有适当的汉字可以把它写出来。例如:北京话里,有一个念zhuāi的字,光它的阴平(zhuāi),就有四个用法,人们嘴里几乎天天说它,所苦的,就是没有合适的汉字,可以把它记下来,做几个例子看看:

一:"他一抡,就把铁锹zhuāi出去多远。"这里zhuāi作扔出去讲。

二:"你别吃这么多年糕,留神zhuāi在心里生病。"这里zhuāi作停滞讲。又如:"有话说出来,别zhuāi在心里头。"这里zhuāi作存放讲。

5

三："这个人的胳臂zhuāi了。"这里zhuāi作胳臂拘挛,不能屈伸讲。

四："这件事,真叫人腻zhuāi。"这里zhuāi与腻构成一个词(这里的zhuāi可以念轻声zhuai)。

这种只有音而没有汉字的词,在北京话里,实在不少。就像这个例子的zhuai,除了用在轻声、阴平,还可以用在上声、去声:如车辆陷在泥坑里,说"zhuǎi误";形容人走路蹒跚,说"zhuǎi落";拉拽过来,说"zhuài过来"。这些没有汉字的字,已经有人从音义上借用汉字了:如阴平借用"拽"字,上声借用"跩"字(《儿女英雄传》借用"踹"字),去声也借用"拽"字。不过"拽"字只有拉过来,没有扔出去的含义,借用去声还可以,借用阴平,就不太合适了,我以为如果阴平借用"抾"字,音义还相近些。总之,凡是还没有找到合适借用字的有音无字的字,我们也应该考虑用音标代替,在字典里给它一个席位。

谈到北京话的轻读、重读。轻读,自然是把下面的轻声字,一撩而过,甚或吞入上面重读的字。重读只举一个例子:

"我要你来。"这句话中每个字都可以重读,每个字重读所表示的意义,完全不同,不信试试看(括弧中是重读的字)。

(我)要你来。不是他要你来。

我（要）你来。不是不要你来。

我要（你）来。不是要他来。

我要你（来）。不是要你去。

一个字有几个读法，或几声读法，是随着口语语气变化的，有时张三这样说是阴平，有时李四那样说是上声，这是对话时的自然变化，有的有规律（如上面所举的tuī和hōu），有的没规律，有的在规律之中可以变化（如上面所举的tuī也可以念tēi）。在这本语汇的每条中，只选注一个比较常说的音，有的在本条后加了"或读"，有的因为那个"或读"的音太僻、说的人不多，便没加写进去。

北京话有多少语汇，谁也说不清的。天天在说着北京话，天天在接触着各阶层的人，互相谈话的过程中，也能灵活地运用北京语汇，可是，等到拿起笔来，想记录一些这样的语汇，却会连常常口头说的，都想不起来了。因此，在1959年写这本《北京话语汇》时，由于这种情况，又加以并无可以借鉴的资料，足供树立体例的参考，以致在执笔时，发现了如下的情况：什么样的语汇可以出条呢？怎样做解释才合适呢？怎样写例句呢？在经济基础与上层建筑有了巨大变化的今天，这是费了一番踟蹰的。所以我在1959年写这本小书时，就是抱着下面两个心情写的：一个是随时修改的心情，一个是请求读者指教的心情。第一个心情，早在那次交稿以后，就预备了笔记本，随时做了修改或补充的札记。第二个求教心情，也承同志们不弃，在1961年《北京话语汇》出版以后，给了我很多教益，提了许多建设性意见，促使我做了这次比较全面的修订。这次修订，可以向同志们以及广大读者汇报的，约有几点：

体例比以前划一了一些，如每条的条目后的汉语拼音，一律注北京口语音，另在全条释文、例句后，注明本读音和异读音，有的还简单地说明语音变化。释文中语气，也力求一致。北京和其他地方相同的语汇，大部分抽掉了。但在北京话里有异读、别解的，或从这个语汇上，可以看出文献资料的，还适当地保留下来，加以说明。对于全书的条目、释文、例句，通盘做了审订，大部分做了修改，力求文字内容健康，提高思想性。在汉语拼音以及调号、轻声、儿化各方面，全部做了审查和订正。全书抽掉了七十个旧条目，增加了三百多个新条目。但仍以尽量减少条目为目标，有可以合并出条的，就只出一个条目，有的一个条目里，还包括了几个条目。

在新增加的语汇里，除补充了上次遗漏的以外，有一部分是：有选择地、有批判地采用了《红楼梦》《儿女英雄传》里的北京语汇。有一部分是：采用了老舍同志写的《龙须沟》《骆驼祥子》里的北京语汇。其他，也采用了古书中有关的北京语汇，如《宛署杂记》《顺天府志》等书，都按照今天北京还存在的语汇，引入释文里，供研究者参考。另外，还采用了由少数民族语言借用来的北京语汇，其中包括了几个北京特有的专名词。

附录的白涤洲先生遗作《北京话中之表时法》，还是一篇有用的作品，所以仍旧附录上去。

最后，我应该感谢同志们的指教，在修订过程中，给我提的许多宝贵意见，对修订这本小书的帮助是很大的。另外，还承向以熟悉北京话有名的作家老舍同志写序，更应致以谢意！

还是那句话，希望得到读者的指教，以便逐步改进，提高这本书的质量，使能更好地满足读者的要求。

金受申
1963.7.13

条目表
（按音序排列）

A

ā	肮刺不脏	1
āi	挨帮挤靠	1
	挨刻	1
	āi lā bù sāi	1
	挨揍的木头	2
ān	安根	2
	安心丸儿	2
ǎn	唵	2
	按劲儿	3
àn	暗场下	3
āo	熬头	3
	熬糟	3
áo	熬出头来了	4
	熬过来了	4

ào	傲	4
	傲不腾的	4
	奥过觉去了	5

B

bā	巴巴甑儿	6
	八不甑儿似的	6
	巴不能够儿的	6
	吧嗒	7
	扒豁子	7
	巴结	7
	八九不离十	7
	拨啦	7
	疤痢	8
	巴拉饼	8
	扒皮鬼儿	8
bá	湃	8
	拨脯儿	8
	八下里去了	9
bǎ	把牢	9
	把式	9
bà	躃跖	10

bāi	掰不开镊子	10
	掰哧	10
	掰开了揉碎了	10
bái	白花舌儿	11
	白话	11
bǎi	摆划	11
	摆闲盘儿	11
bān	扳手	11
bǎnr	板儿平	12
bàn	半膘子	12
	绊了蒜了	12
bàng	棒	13
bāo	褒贬是买主儿	13
	包余儿	13
bǎo	保不齐	14
bénr	啡儿	14
bèn	奔奔儿	14
	奔头儿	15
bēng	绷绷儿	15
	绷出去	15
běng	绷着脸儿	15
bī	逼掯	16
bí	鼻子头	16

3

bǐ	比粗儿	16
bì	闭了眼	16
biān	编派	17
	边式	17
biàn	变通劲儿	17
biǎo	表情	17
bié	别价	18
biè	别扭	18
bīng	冰核儿	18
bìng	病病殃殃	18
bō	拨拨转转儿	19
bǒ	驳和	19
bú	不待见	19
	不是柴火	20
	不照	20
bù	不吃不斗	20
	不吃汤	20
	不得烟儿抽	20
	不打得儿	21
	不服柴	21
	不价	21
	不刺	21
	不离吗的	21

	布让	22
	不宣分	22
	不唧	22
	不周不备的	22

C

cā	擦黑儿	23
cāi	猜仨攥俩	23
cǎi	踩藕	23
cáng	藏着掖着	24
cáo	艚旧	24
cǎo	草刺儿不值	24
cèng	蹭棱子	24
chá	岔口儿	25
	茶是后来酽	25
chǎr	镲儿哄	25
chà	岔和	25
	岔忽	26
	岔劈儿	26
chāi	拆兑	26
chán	缠磨	26
cháng	长三似的	27

		长腿 ……	27
chǎng		敞开了 ……	27
chāo		抄 ……	27
chǎo		吵秧子 ……	28
		吵子 ……	28
chē		车喝 ……	28
		车拦头辆 ……	28
		车联 ……	28
		车走头辆 ……	29
chě		扯臊 ……	29
chēn		抻练 ……	29
chén		沉重儿 ……	29
chèn		趁火补漏锅 ……	29
chěng		逞能 ……	30
chī		吃不了兜着走 ……	30
		吃二魔 ……	30
		吃几碗干饭 ……	30
		吃伤了 ……	30
		吃心 ……	31
		吃绪儿 ……	31
chí		尺寸 ……	31
		扯累 ……	31
chōng		充胖子 ……	32

chōu	抽抽	32
	抽筋扒骨	32
	抽冷子	32
chòu	臭出去了	33
	臭了	33
	臭了街	33
	臭嘴不臭心	33
chū	出不来进不去	33
	出格儿	34
	出箍眼儿	34
	出溜	34
	出息	34
chǔ	怵窝子	35
chù	怵头	35
chuāi	揣起来	35
	揣着明白说糊涂	36
chuài	踹了	36
	踹腿了	36
chuān	穿换	36
	穿堂过屋	36
chuàn	串房檐儿	36
chuǎng	闯练	37
chuī	吹灯拔蜡了	37

7

	吹归了	37
	吹了	37
	吹台了	37
	吹挑子了	37
chūn	春出去	38
chuǒ	戳个儿	38
cī	呲嘚	38
	跐儿piā	38
cí	磁实	39
cì	刺挠	39
	刺儿刺不唧	39
cū	粗脖子红筋	39
cú	促狭	39
cù	猝死猝灭	40
cuān	撺掇	40
	蹿辕子	40
cuán	攒瓣儿	40
	攒儿稀	40
cuàn	窜	41
cuì	脆报儿	41
cùn	寸劲儿	41

D

da	搭		42
dā	搭拉		42
	搭撒		43
dá	打点		43
dǎ	打把式		43
	打饱膈儿		43
	打鼻子		43
	打不过揪儿挽不过纂儿来		44
	打岔		44
	打吃溜		44
	打得山响		44
	打滴溜儿		44
	打哈哈		44
	打花胡哨儿		44
	打价儿		45
	打糠灯		45
	打坷啐儿		45
	打老鸹了		45
	打落		45
	打绺儿		45

9

	打马胡眼 …………	46
	打伤耗 …………	46
	打斜调歪的 …………	46
	打一巴掌揉三揉 …………	46
	打游飞 …………	46
	打悠千儿 …………	47
	打坠咕噜儿 …………	47
	打自得儿 …………	47
	打嘴现世 …………	47
	打坐坡 …………	47
dà	大侈 …………	47
	大大咧咧 …………	48
	大发 …………	48
	大海茫茫 …………	48
	大力话 …………	48
	大马金刀儿 …………	48
dài	待见 …………	48
	带口之言儿 …………	49
	带手儿 …………	49
dǎng	挡幕儿 …………	49
dāo	叨登 …………	49
dáo	捣持货儿 …………	50
dǎo	倒不过脚来 …………	50

	倒了核桃车	50
	捣杂情	51
dào	倒打一瓦	51
	倒倒	51
	倒倒脚儿	51
	道叫	51
	倒流话	52
dé	得人心	52
	得人意儿	52
dě	嘚啵	52
dēn	邓庑沦敦	53
dēng	灯笼风	53
	蹬鞋踩袜子	53
děng	等到来年打八春	53
	等等儿	53
dī	滴溜	54
dí	嘀咕	54
dǐ	底疤儿	54
dì	地根儿	54
	递手本	55
	递嘻和儿	55
diān	颩敠	55
	掂合	55

11

	颠了 ……	55
	掂三 ……	55
	颠儿三儿的 ……	56
	颠儿鸭子了 ……	56
dián	点补 ……	56
diàn	垫背的 ……	56
	垫垫儿 ……	56
diào	调门子 ……	56
	吊着拐子刷井 ……	57
dīng	丁对 ……	57
	钉糟木烂 ……	57
dǐng	顶缸儿 ……	58
	顶锅盖 ……	58
	顶针续麻儿 ……	58
dìng	定针儿定碗儿 ……	58
dòng	动不动儿 ……	59
dōu	兜搭 ……	59
	兜翻 ……	59
	兜着底儿 ……	59
dǒu	抖机伶儿 ……	59
	抖露 ……	60
dòu	逗闷子 ……	60
dū	嘟噜 ……	60

dú	独害	61
dù	肚转儿	61
duì	对付	61
	对合子利儿	61
	对嘴子	61
dūnr	蹲儿摔儿的	62
	蹲儿猛子	62
duō	跢跢	62
	多会儿	62
	多早晚儿	62
duó	掇弄	63
duǒ	躲闪儿	63
duò	垛字儿	63

E

é	涐痕	64
ě	恶心了	64
è	恶歹子	64
èn	摁着葫芦抠子儿	65
ěr	耳报神	65
	耳乎	65
èr	二百五	65

13

	二不楞 ……………………………	65
	二吊六 ……………………………	66
	二乎 ………………………………	66
	二楞 ………………………………	66
	二楞八荡 …………………………	66
	二上 ………………………………	66
	二屋里去了 ………………………	66
	二屋眼 ……………………………	67
	二五八 ……………………………	67
	二性子 ……………………………	67

F

fā	发变 ………………………………	68
	发揣 ………………………………	68
	发赖 ………………………………	68
fá	乏骆驼 ……………………………	68
	乏象儿 ……………………………	68
fān	翻白眼儿了 ………………………	69
	翻翻 ………………………………	69
fàn	犯膘 ………………………………	69
	犯病了 ……………………………	69
	犯犟 ………………………………	69

	犯傻 ……………………………………	70
	犯小性儿 …………………………………	70
fǎng	纺纺 ……………………………………	70
fàng	放话 ……………………………………	70
	放着桄儿 …………………………………	70
fēi	飞签火票 …………………………………	71
	飞智 ……………………………………	71
fèi	废物点心 …………………………………	71
fēn	分斤掰两 …………………………………	71
	分碗儿茶 …………………………………	72
fěn	粉子味儿的 ………………………………	72
fèn	分出来 …………………………………	72
fēng	风火事儿 …………………………………	72
	封上口儿了 ………………………………	72
	封下了 …………………………………	73
fǔ	斧打糟儿木 ………………………………	73
fù	父母月儿日子 ……………………………	73
	富态 ……………………………………	73

G

gá	嘎搭 ……………………………………	74
	噶个点儿 …………………………………	74

15

gǎ	嘎拉起来了 ……	74
	嘎七马八 ……	74
	嘎杂子 ……	75
	嘎子 ……	75
gái	概搂 ……	75
gài	盖了盖儿了 ……	75
	盖其在的 ……	75
gān	干骨岔气 ……	75
	泔水桶 ……	76
	肝儿颤 ……	76
gǎn	赶罗 ……	76
	敢情 ……	76
	赶阵儿 ……	76
	敢自 ……	76
gàn	干吗 ……	77
gāng	刚口 ……	77
gàng	杠荡 ……	77
	岗尖儿 ……	78
	杠头 ……	78
gāo	高嗖 ……	78
gǎo	稿稿 ……	79
gào	告假了 ……	79
	膏油 ……	79

拼音	词条	页码
gē	搁了车了	79
	搁人	79
	膈应	80
gé	膈肢人	80
gěr	膈儿了	80
	膈儿屁了	80
	膈儿屁着凉了	80
gè	各个儿	80
	各群儿各论儿	80
gěi	给姥姥家送个信儿去	81
gēn	跟前	81
gén	哏里哏气	81
gěn	哏	82
gèn	哏气	82
	艮怎子	82
gōng	公本正传	82
gǒng	拱	83
góu	佝偻	83
gǒu	狗眨巴眼	83
gòu	够句子	83
	够念儿	84
gū	咕嘟	84
	箍节儿	84

17

	估摸 ……………………	84
	咕攮 ……………………	84
gú	骨头老儿 …………………	84
	骨血儿 ……………………	85
gǔ	鼓噪 ……………………	85
	鼓捣 ……………………	85
	鼓了 ……………………	85
	鼓溜溜儿 …………………	85
	鼓啾 ……………………	85
	骨子 ……………………	86
guā	瓜搭 ……………………	86
	刮痧钱 …………………	86
guà	挂钱儿似的 ………………	86
guāi	拐打 ……………………	87
guǎi	拐孤 ……………………	87
guàng	逛荡 ……………………	87
guī	归置 ……………………	87
guǐ	鬼扯钻儿 …………………	88
	鬼吹灯 …………………	88
	鬼摸子眼道的 ……………	88
gǔn	滚刀筋 …………………	88
gùn	棍条 ……………………	88
	棍子棒子 …………………	89

guǒ	果不其然儿的 ……………………………	89
	裹抹 …………………………………………	89
guò	过去了 ………………………………………	89
	过节过板儿 …………………………………	89

H

hā	哈喇 …………………………………………	91
	哈人 …………………………………………	91
há	蛤蟆吵湾 ……………………………………	91
hà	哈巴 …………………………………………	91
	哈什罕儿 ……………………………………	92
	撼厮 …………………………………………	92
hái	孩里孩气 ……………………………………	92
	孩子话 ………………………………………	92
hǎi	海子城门骆驼象 ……………………………	92
hān	罕达罕达的 …………………………………	93
	憨哒郎儿 ……………………………………	93
	涵怜 …………………………………………	93
	憨实 …………………………………………	93
hán	寒碜 …………………………………………	93
	寒家物儿 ……………………………………	94
	含忽 …………………………………………	94

hāng	夯了	94
háng	行当儿	94
hǎo	好不当央儿的	95
	好赖人儿	95
	好人里挑出来的	95
hēr	嘿儿乎	95
hēi	黑不溜啾	96
	黑骨隆咚	97
	黑家白日	97
	黑觑觑儿	97
hén	含着热茄子	98
héng	横不楞子	98
	横打鼻梁儿	98
	横起来	98
	横是	98
	横竖	98
	横竖劲儿	99
	横儿甑儿的	99
	横着	99
hóur	猴儿扒梯	99
	猴儿顶灯	99
hòu	厚实	100
hú	胡吃海塞	100

	胡打海摔 ……………………………	100
	胡刺巴梯 ……………………………	100
	拂落 …………………………………	100
	胡抡 …………………………………	101
	胡涂蛮缠骚搅 ………………………	101
	胡支 …………………………………	101
	胡诌 …………………………………	101
hǔ	虎势 …………………………………	101
hù	糊弄 …………………………………	101
huā	花狸狐哨儿 …………………………	102
	花马掉嘴 ……………………………	102
	花稍 …………………………………	102
	花说柳说 ……………………………	102
huǎ	话撇 …………………………………	103
huài	坏嘎嘎儿 ……………………………	103
huān	欢势 …………………………………	103
huàn	换不下季来 …………………………	103
	换噔得 ………………………………	104
huáng	黄了 …………………………………	104
huàng	晃荡 …………………………………	104
	晃晃儿 ………………………………	104
huī	灰不溜丢的 …………………………	104
huí	回不过脖儿来 ………………………	105

	回克了	105
	回去了	105
huǐ	会子	105
hún	浑的鲁儿	105
	浑实	106
hùn	混呲	106
	混推	106
huō	豁鼻子	106
	豁出去	106
	豁洛	107
huó	活宝	107
	活分	107
	活局子	107
huǒ	火势	107
	火性	108

J

jī	唧喳	109
	鸡吵鹅斗	109
	咭噔嘎噔	109
	挤刺工夫儿	109
	机伶	110

	基址儿	··············	110
jí	急赤白脸	··············	110
jǐr	几儿	··············	110
jiā	家当儿	··············	110
	家过儿老	··············	111
	家伙山	··············	111
jiá	夹生	··············	111
jiǎ	假鼻儿手	··············	111
	假充熟和	··············	112
	假花脖子	··············	112
	假撇清	··············	112
	假招子	··············	112
jià	架弄	··············	113
jiān	肩膀儿宽	··············	113
	奸馋	··············	113
jiàn	灒	··············	114
jiāng	浆皮裹肉儿	··············	114
jiǎng	讲究儿	··············	114
jiāo	交派	··············	114
jiáo	浇裹	··············	114
	嚼谷儿	··············	115
	矫情	··············	115
	嚼说	··············	115

jiǎo	脚步儿	115
	脚打地	115
	搅局	115
jiào	叫岔碰儿	116
	叫了王承恩了	116
jiē	喈巴	116
jīn	筋道	117
	金刀各用儿	117
	筋骨儿	117
	筋劲儿	117
	筋疼	117
	筋头马脑儿	117
jǐn	紧称	118
	紧自	118
jīng	经过磕碰儿	118
	精气神儿	118
	精瘦	119
jìng	净便	119
jiù	就搭	119
	就合	119
jū	拘溜儿	119
jú	局	120
	局气	120

jǔ	举不起	120
juē	撅人	120

K

kāi	开花	121
	开化	121
	开了	121
	开嗙	121
	开窍儿	122
kǎn	坎子礼儿	122
	坎儿	122
kàn	看渗路儿	122
káng	扛着哪	122
kē	砢碜	123
	kēr kǎnr mā zár	123
kě	可惜了儿的	123
	可一街	123
kèn	肯节儿	124
kēng	吭唧	124
kōu	抠哧	124
	抠开了	124
	抠偻	125

25

	抠门儿	125
kǒu	口大口小	125
	口道福儿	125
	口头	125
	口头语儿	126
kòu	扣了盖儿了	126
kū	窟窿桥	126
kǔ	苦阴阴儿的	127
kuǎi	扽咪	127
kuài	快当	127
	快慢儿	127
kǔn	捆着发麻吊着发木	128

L

lā	拉巴	129
	拉败架子	129
	拉不下脸来	129
	拉不出舌头来	129
	拉晃绳	129
	拉舌头	130
	拉硬屎	130
lá	邋遢	130

lāi	赖歹	130
lái	来派	131
lān	懒散	131
lán	拦胳膊	131
	拦马墙儿	131
lǎn	懒怠	132
làn	烂芍药	132
láng	踉蹡	132
láo	痨病腔子	132
	劳驾	133
lǎo	老的儿	133
	老郎神	133
	姥姥	133
	老了	134
	老米嘴	134
	老牛箍嘴	134
	老千儿似的	134
	老实巴交	134
	老台	135
	老天拔地	135
	老爷子烟儿	135
	老爷儿	135
	老凿子	135

lào	落地梆子	136
	落地砸坑儿	136
	落头	136
lē	嘞嘞	136
	褴褛	136
lēi	勒掯	137
lěi	垒坏	137
léng	棱缝儿	137
lěng	冷不防	137
	冷锅里冒热气	138
lèng	楞头青	138
	楞怔	138
lǐ	里外辙儿	138
lì	力巴	139
	俐嗖	139
liǎ	俩	139
lián	连刀儿理四的	139
liǎn	脸模儿	140
	脸子	140
liáng	量肠子	140
	凉了	140
	凉丝儿丝儿的	141
liǎng	两面三刀	141

	两事旁人	141
liàng	晾台	141
liāo	撩了	141
liáo	聊花人儿	142
	了手	142
liào	尥嗒	142
	撂地儿	142
	撂了	142
	撂湿撂干	142
	撂挑子了	143
	撂条货了	143
liě	咧合	143
	裂合	143
	裂了锅了	143
	咧着乖乖岔儿	143
liè	劣角	144
	裂璺	144
lìn	论	144
líng	灵翻	144
	零唧咕	145
	零三八四	145
lǐng	领了	145
liū	溜瞅儿的	145

	流沿儿	146
liǔ	柳州	146
liù	六	146
	溜	146
	六够	147
	六扔多远	147
	六十二斤半	147
	溜嗖	147
lóu	楼了	147
	楼子	148
lòu	露馅儿	148
lū	驴唇	148
	驴唇马练	148
lǔ	鲁正恩	149
lüěr	论儿乎	149
lūn	抡得出来了	149
lún	沦背	149
lùnr	论儿	150
luò	骆驼上车了	150

M

| mā | 摩撒 | 151 |

má	麻着木着	151
mǎ	马哈	151
	马后炮	152
	蚂蚁盘窝	152
	马前刀儿	152
mà	骂挡子	152
mài	卖了	152
	卖山音	152
mǎn	满盘子满碗	153
	满儿了包堆	153
màn	慢条斯理儿	153
máng	忙叨	153
māo	猫打镲	154
	猫儿腻	154
	猫儿食	154
mào	冒坏	154
méi	没熬过来	154
	没岔口儿	155
	没法儿	155
	没盖儿烧饼	155
	没稿子	155
	没根基	155
	没脚后跟	156

31

	没禁子	……	156
	没拉干儿	……	156
	没了魂儿	……	156
	没六儿搭仨	……	156
	没谱儿	……	157
	没心没肺	……	157
mēn	闷嘟儿蜜	……	157
	闷坛子	……	157
	闷头儿过	……	158
mèn	闷葫芦罐儿	……	158
mēng	蒙蒙亮儿	……	158
	蒙欺盖景	……	158
	蒙神攥鬼	……	158
	蒙着锅儿	……	159
měng	猛咕叮的	……	159
mī	眯眯儿	……	159
mì	蜜里调油	……	159
mián	绵软	……	159
miǎn	腼觍	……	160
miàn	面劲儿似的	……	160
miáo	描补	……	160
miǎo	描着模儿	……	160
miàor	庙儿齐	……	161

mǐn	抿一抿	161
mó	磨兑	161
	磨蹭	161
	蘑菇	161
	妐妐	162
mǒ	抹咕丢的	162
	抹蒿子	162
	抹抹嘴不算了	162
	抹稀泥	163
	抹嘴	163
mò	磨不开脸	163
	摸了云儿	163
mū	牡敛	163

N

nã	呐摸劲儿	165
	呐摸滋味儿	165
ná	拿放	165
	拿鸭子了	165
nǎ	哪门子	165
nāng	囊揣	166
nǎng	馕食包	166

náo	挠了	166
	挠头	166
	挠鸭子了	167
nǎo	脑后摘筋儿	167
	脑眼儿青乖乖肿	167
nàor	闹儿	167
	闹儿赛	167
nē	讷勒金德	168
néng	能耐梗	168
nì	泥缝儿	169
	腻人	169
	腻透了	169
	腻zhuai	169
niān	蔫	170
	蔫不出溜的	170
	蔫甘	170
	蔫刺不唧的	170
	蔫冷	170
	蔫人出豹子	170
nián	粘缠	171
	粘闲	171
niàn	念心儿	171
niē	捏酸假醋	171

niè	捏着鼻子 ········· 172
nǐng	拧子 ··············· 172
nìng	佞性 ··············· 172
niú	牛脖子 ············· 172
	牛劲 ··············· 172
	牛气 ··············· 173
nòng	弄松 ··············· 173
	弄一脖子麻刀 ······· 173

O

ōu	呕呕儿 ············· 174
ǒu	沤za ··············· 174
òu	沤出病来 ··········· 174
	沤得慌 ············· 175
	沤子 ··············· 175

P

pā	啪喇 ··············· 176
pà	怕怕儿似的 ········· 176
pāo	抛海 ··············· 176
pǎo	跑驰 ··············· 177

	跑眉毛	177
pào	泡啦	177
	泡蘑菇	177
pěng	捧场	178
pèng	碰瓷儿	178
pí	皮部擦青	178
	皮科儿笑科儿	178
	皮率	179
piān	偏了	179
piāo	飘胡	179
	飘嗖	179
piáo	瓢岔儿似的	180
	瓢泼瓦灌	180
piào	票啦	180
piē	撇斜	180
piě	撇耻	181
	撇外股子	181
	撇儿咧儿的	181
pǐn	品	181
píng	平地抠饼	181
pò	破儿	182
	破罐儿破摔	182
	破说	182

pū	噗吓瞪儿	182

Q

qī	七八不靠九	183
	七百六十遍	183
	七叉喀叉	183
	七股子八挠	183
	七开八到	183
	七十六个不合适	184
qí	骑脖子拉屎	184
	七杈子八杈子的	184
	齐打夯儿的	184
	七个八个不认账	185
	七个八个的	185
	歧搁	185
	齐锅夹灶	185
	骑瞎马	185
qǐ	起开	185
qì	气不忿儿	186
qiā	掐弄着	186
qiān	迁兑	186
qián	钱串子	186

	钱狼子 ………………………	187
qiāng	呛不吃顺不吃 ……………	187
qiǎng	抢脸 ………………………	187
qiāo	敲得 ………………………	187
	敲锣边儿 …………………	187
	敲着撩着 …………………	188
qiǎo	悄默声儿 …………………	188
qiào	撬头儿 ……………………	188
qié	咭刻 ………………………	188
	茄子 ………………………	189
qiě	且 …………………………	189
qìn	揿头拍子 …………………	189
qīng	轻省 ………………………	190
	轻下儿惹重下儿 …………	190
qìng	亲家 ………………………	190
qiúr	球儿嘎儿的 ………………	190
qū	觑忽 ………………………	190
	曲溜儿 ……………………	191
qǔ	娶媳妇打镲没咚咚 ………	191
qù	去了咳嗽添了喘 …………	191
	漆黑的 ……………………	191
	趣青 ………………………	191
quē	缺脚万儿 …………………	192

38

R

ráo	饶街上	193
	饶一个	193
	饶一面儿	193
	饶着	193
rào	绕脖子	194
	绕搭	194
	绕手	194
	绕着扣儿了	194
rè	热火	194
rēng	扔崩了	195
	扔哒着	195
	扔了	195
rī	日崩了	195
	日了	195
rì	日咕	195
	日子有呢	196
rōu	rōu了	196
róu	揉搓	196
ròu	肉头	196
ruǎn	软鼻涕儿似的	197

S

sā	撒村 ……………………………………	198
	仨打俩 …………………………………	198
	撒开了 …………………………………	198
	仨mo儿油俩mo儿醋 ……………………	198
	仨窝窝俩枣儿 …………………………	199
	撒鸭子了 ………………………………	199
	撒吆怔 …………………………………	199
sǎ	萨其码 …………………………………	199
sān	三百三六百六 …………………………	199
	三六九等 ………………………………	199
	三面刀儿四面斗儿 ……………………	199
	三青子 …………………………………	200
sánr	sánr ……………………………………	200
sāng	桑梆 ……………………………………	200
sǎng	搡 ………………………………………	201
sǎo	扫听 ……………………………………	201
sào	臊礼儿 …………………………………	201
sè	啬克子 …………………………………	201
	啬则儿 …………………………………	201
	啬账 ……………………………………	202

sēi	塞牙	202
sēng	僧	202
shā	杉篙	202
	杀口	203
shǎ	傻骆驼	203
shāi	筛海	203
shǎn	闪展腾挪	203
shàn	善乎	204
shàng	上药儿	204
	上座	204
shāo	烧包	204
	烧盘儿	205
	烧着	205
sháo	勺刀	205
shào	少相	205
shē	舍咧儿	205
shě	舍着身儿	206
shēn	深沉	206
	伸腿瞪眼儿了	206
shén	神叉棍子	206
shèn	渗凉儿	207
	渗人	207
shēng	生发	207

	生分	207
shī	拾翻	207
	失身儿	208
shí	拾不起碴儿来了	208
	拾不起个儿来了	208
	实落	208
	实拍拍	208
	十指露缝	209
shì	是非兜儿	209
shōu	收园结果	209
shǒu	手欠	209
shòu	受得下	210
	瘦死羊肝儿肉	210
shū	书篓子	210
	舒坦	210
shǔ	数落	211
	数灭	211
shuā	刷了	211
	刷下来了	211
shuǎ	耍布人儿的	212
	耍权	212
shuāi	摔打砸拉	212
	摔簧	212

shuǎi	甩开了腮帮子	212
shuàn	涮人	213
shuǎng	爽得	213
shuàng	双爷儿们	213
shuǐ	水出来了	213
	水刺巴唧	214
	水着	214
shùn	顺脚儿	214
	顺毛驴儿	214
	顺舌	214
	顺手儿	214
	顺序	215
shuō	说了归齐	215
	说山	215
sī	撕罗	215
sǐ	死	215
	死把	218
	死眉瞪眼	218
	死乞白赖	218
	死qiǔ活磨	218
	死秧	218
sì	四的	219
	四海	219

	四棱见线	219
	四六不成材	219
	四六句儿	219
	四山五岳	219
	四五不靠六	219
sōng	松泛	220
sōu	馊主意	220
sū	酥了	220
suī	尿合	220
suí	随坡儿打躺	221
suì	碎末末儿	221
	碎嘴子	221
sūn	孙什钱儿	222
sǔn	损人	222
suō	缩缩儿密	222

T

tā	他他儿	223
tǎ	塔斯蜜	223
tāi	胎骸	223
tài	太以	224
táng	膛了	224

	搪脱马貌	224
tāo	掏坏	224
táo	掏换	225
	桃儿不该杏儿该	225
tào	套近乎	225
	套着烂	225
tè	忒柴	226
tī	梯己	226
tí	替另	226
	提补	226
tiān	添补	227
	天龙表	227
tián	甜甘	227
	甜头儿	227
	甜丝儿丝儿的	228
	填揌	228
tiǎn	腆胸迭肚	228
tiāo	挑哧	228
tiáo	调三儿窝四	228
tiǎo	挑幌子	229
tiào	跳动	229
tiě	铁了心	229
tīng	听拉拉蛄叫唤去了	229

45

	听蛐蛐儿叫唤去了	229
	听听儿	230
tǐng	挺尸去	230
tǒng	捅楼子	230
	捅马蜂窝	230
tōu	偷手	230
	偷油儿	231
tóu	头拱地	231
	头难	231
tū	秃不刺茬的	231
	秃噜	231
tuǐ	腿着	232
tùn	褪套儿	232
tuō	托付	232

W

wā	挖鼻子抇眼	233
	挖单	233
wà	挖拉	233
wāi	歪派	233
wǎi	捱咕	234
	捱泥	234

	搌着 ···	234
	歪刺骨 ··	234
wài	外道 ···	234
	外话 ···	234
	外快 ···	235
wān	剜转 ···	235
	弯子转子 ·······································	235
wán	完蛋了 ··	235
	玩意儿 ··	235
	玩儿完了 ·······································	236
wǎnr	碗儿钱 ··	236
wáng	王道 ···	236
	王温儿 ··	236
wǎng	往出臭臭 ·······································	237
	往后蹭蹭儿 ····································	237
	往里傻 ··	237
wàng	妄口巴舌 ·······································	237
wéi	为人 ···	237
wěi	委咕 ···	238
	委怜 ···	238
	偎窝子 ··	238
wèir	味儿了劲儿的 ································	238
wēn	温朴 ···	239

wén	纹缕儿	……	239
wěn	稳庄	……	239
wèn	问一问	……	239
wèng	瓮声瓮气的	……	240
wō	窝憋	……	240
	窝脖儿	……	240
	窝和	……	240
	窝心	……	240
	wō zhe hē	……	241
	窝儿老	……	241
wò	卧牛	……	241
wū	乌程了	……	242
	无二鬼	……	242
	乌焦巴弓	……	242
	乌剌巴秃	……	242
	无里悠	……	242
	乌他	……	243
	兀秃	……	243
	乌秃没咽	……	243
	乌眼儿青	……	243
wǔ	五道庙儿	……	243
	伍的	……	244
	五儿的	……	244

	捂捂盖盖	244
wù	洿热了	244
	乌油儿黑	244

X

xī	嘻和蔼和	245
	稀嘛拉儿的	245
	稀稀罕儿	245
xì	细发	245
xiā	瞎掰	246
	瞎打混儿	246
	瞎诈庙	246
	瞎怔	246
xià	吓毛了	246
	下坡儿溜	246
	下作	247
xián	闲经儿难忍	247
	嫌脸	247
xiǎn	显撒	247
xiàn	现钱闲的儿	248
xiǎng	响动儿	248
xiàng	像个人儿似的	248

xiǎo	小	248
	小班大儿的	248
	小蒙噌雨儿	249
	小的儿	249
	小俚戏儿	249
	小人儿	249
	小小不言的	249
xié	斜碴儿	250
	邪道味儿	250
	邪的歪的	250
	邪活	250
	斜楞着眼儿	250
	鞋踢拉袜塌拉	251
xiě	血活	251
	写在瓢底下了	251
xīn	心肝儿肉	251
	心尖子	251
	心里长牙	252
	心窝子	252
xíng	行动坐卧	252
	行化	252
	行着眼儿	252
xǐng	醒攒儿	253

xìng	性情怆	253
xióng	熊人	253
xiù	秀气	253
xū	煦火	254
	嘘和	254
xù	絮了	254
xuān	宣分	254
xué	寻觅	255

Y

yā	鸦默雀静儿	256
yà	压根儿	256
yān	烟不出火不进	256
	淹没	256
	淹心	257
yán	严可严儿	257
yǎn	眼皮儿杂	257
	眼泪	257
	眼力见儿	258
	眼面前儿	258
	眼子钱	258
	眼儿猴了	258

51

	眼罩儿	258
yàn	厌气	259
	酽儿咕	259
yāng	秧擎着	259
yáng	羊上树	259
yǎng	仰巴脚子	260
	痒痒筋儿	260
yāo	幺蛾子	260
	腰里横	260
yáo	摇晃山	260
	爻象	261
yǎo	咬手	261
	咬着不撒嘴	261
yào	要核儿钱	261
	要谎	262
	要我的好看	262
yē	掖咕	262
	噎人	262
yě	野刺骨	263
yè	曳把起来了	263
yí	一道箍儿	263
	一个莲花一个牡丹	263
	一溜边光	264

	一溜神气 ……	264
	一市八街 ……	264
	一纳头 ……	264
	一嚏屋嚏 ……	264
	疑相 ……	264
yǐ	以勒摩勒 ……	265
yì	一 ……	265
	一把死拿儿 ……	265
	一边弦子一边大鼓 ……	265
	一鞭子一板子 ……	265
	一铳子性儿 ……	266
	一戳腔儿 ……	266
	一滴滴儿 ……	266
	一乏子 ……	266
	一根脖梁骨 ……	266
	一根固拉天儿 ……	266
	一忽忽儿 ……	267
	一壶醋钱 ……	267
	一局事 ……	267
	一雷二闪 ……	267
	一了 ……	267
	一抿子 ……	267
	一脑门子官司 ……	267

	一扑纳心儿	268
	一扑心儿	268
	一骰儿成	268
	一天二市街	268
	一条藤儿	268
	一汪水儿	268
	一窝儿八块	269
	一子儿	269
yīn	阴魂不散	269
	阴死巴活	269
yìn	饮马	269
yǐng	影子模儿	270
yìng	硬顶	270
	硬躴	270
	硬气	270
yōu	悠着点儿	270
	悠着玩儿	271
yóu	油葫芦	271
	油水儿	271
	油子	271
yǒu	有把刷子	272
	有板有眼	272
	有来有去儿的	272

	有商量儿	272
	有腰子	272
	有滋有味儿的	272
yòu	又臭又硬	273
yuán	缘分儿	273
	圆滚沦敦	273
	原来档儿	273
yué	yué yue	274
yuè	越劝越秧	274
yūn	晕哒忽儿的	274
	晕头	274
yún	匀和	275
	匀溜儿	275
	云山雾沼	275

Z

zā	扎堆子	276
	扎筏子	276
	咂摸	276
	扎上口袋嘴儿了	276
zá	杂八凑儿	277
	砸词儿	277

	砸兜	277
	杂拉骨董儿	277
	砸了	277
	砸锅	277
zāi	栽跟斗	278
zànr	赞儿	278
zāng	脏心烂肺	278
zāo	蹧毁	278
záo	凿四方眼儿	279
zǎo	早班儿	279
zēi	贼着	279
zéi	贼白	280
	贼了	280
	贼胖	280
zéngr	甑儿	280
zèng	缯绷	280
zhā	咋唪	281
	扎剌扎哄	281
	扎煞	281
zhǎ	眨巴眼儿	281
zhà	炸塔了	282
	乍着胆子	282
zhái	择鱼头	282

zhǎi	窄憋	282
zhān	沾补	283
	沾乎	283
	沾利儿就走	283
	粘牙	283
zhǎn	展干净了	283
	展样	283
zhàn	站缸沿儿	284
zhāng	张刀	284
	张罗	284
zhǎng	掌出去	284
	长尾巴	285
zhàng	仗腰眼子的	285
zháo	着落儿	285
zhǎo	找不自在	285
	找碴儿	286
	找对头	286
	找贵的	286
	找胡脸	286
	找落儿	286
	找寻	286
	找辙	287
zhào	赵望	287

57

	照影子 ……………………………	287
	罩着 ………………………………	287
zhē	遮勒机 ……………………………	287
	折腾 ………………………………	287
zhé	折证 ………………………………	288
zhě	遮溜子 ……………………………	288
	遮说 ………………………………	288
	褶子了 ……………………………	288
zhè	这早晚儿 …………………………	288
zhēn	真个的 ……………………………	289
	真章儿 ……………………………	289
	真着 ………………………………	289
zhěng	整脸子 …………………………	289
	整天价 ……………………………	289
zhí	纸笔 ………………………………	290
	直过儿 ……………………………	290
	直溜 ………………………………	290
	直入公堂 …………………………	290
zhì	滞碾 ………………………………	290
	执手儿 ……………………………	290
zhōu	挡 …………………………………	291
zhóu	轴人 ………………………………	291
zhǔ	蠹天蠹地 …………………………	291

	主心骨儿	291
zhuā	抓尖儿	291
	抓挠	292
	抓土扬烟儿	292
	抓瞎	292
zhuǎi	zhuǎi误	292
zhuān	专自觅缝儿	293
zhuǎn	转过弯儿来	293
zhuàn	转磨磨儿	293
	转影壁	293
zhuāng	装憨儿	293
	装模作样	293
	装人	294
zhuǎng	壮了	294
zhuàng	壮了气	294
zī	嗞喇	295
	滋毛儿	295
	滋润	295
	滋声	295
	滋歪滋歪的	295
	呲嘴儿	295
zǐ	紫了毫青	296
zì	自个儿	296

	自磨刀儿	296
	字儿	296
zǒu	走了	296
	走了榫子了	297
	走了褶儿	298
	走水	298
zòu	造做	298
zuàn	攥人	298
	攥着帖呢	298
zuǐ	嘴把式	299
	嘴对着心	299
	嘴冷	299
	嘴碎	299
	嘴儿挑着	299
zuō	咋瘪子	300
zuó	做样	300
zuǒ	左的	300
zuò	坐蜡	300
	做情	301
	坐务	301
	附录	303

A

ā

肮刺不脏（ā lā bā zā） 注的是北京的口语读音。就是肮脏的意思。例如："这么肮刺不脏的，怎么搞的清洁工作！"北京郊区有的把肮脏念成ān zān。

āi

挨帮挤靠（āi bāng jǐ kào） 本是武术上的术语，转为都是自己人或齐心协力的意思。例如："挨帮挤靠的，都是咱们一个厂子里的人。"又如："大伙儿挨帮挤靠地一搞，没有完不成的任务。"

挨刻（āi kēi） 刻不念kē或kè，念kēi。意思是做错了事，受到上级的批评。例如："你这么办事，准得挨刻。"刻念kēi，是从来就有的口语，刻花、刻字，都可以念kēi。挨刻有写作挨抠（ái kōu）的，那是不对的。

āi lā bù sāi 这是有音无字的一个北京语汇，形容用机变的手段去做一件事。例如："你这么迟迟慢慢还行？āi lā bù sāi这么一来，不就成了嘛！"lā bù借用字应为刺不，

āi sāi还没找到适当的汉字。bù也可以念bā，sāi也可以念sī。

挨揍的木头（āi zòu de mù tou） 旧社会里一个老是被人认为犯错误的、老是受人责备的人，别人便称他为挨揍的木头。这个语汇，多半是虚用。例如："你们不要把什么错误都推在马二身上，他不是挨揍的木头。"这和"鼻子头"有些相近，另见"鼻子头"条。这个语汇说的时候很轻松，和开玩笑差不多，因此，头字可以儿化，成为头儿（tour）。北京歇后语有"木鱼改梆子，挨揍的木头儿"。

ān

安根（ān gēn） 原是江湖隐语，吃饭的意思。例如："我安根去。""我还没安根呢。"江湖隐语的解释，见"春出去"条。

安心丸儿（ān xīn wánr） 指令人心里安定的丸药。借喻事情有办好的把握。例如："我这个稿子快写完了，心里仿佛吃了安心丸儿一样的那么轻快。"又如："你敢情吃了安心丸儿了，我这儿还忙着呢。"安心丸儿也可以说"定心丸儿"。

ǎn

唵（ǎn） 用嘴就着纸或板子等吃干粉末状的食品，

叫作唵。例如:"他趴在桌子上,唵了一口酥糖。"爱极了一个小孩子,用嘴轻微地咋吮小孩子的皮肤,也叫唵。例如:"这个小孩子太可爱了,我唵了他小脸蛋儿一口。"唵在北京口语中,也可以说nǎn,北京称不用算盘和纸笔算账为"口唵(nǎn)账儿"。这是"三系附声韵母"的一个字。

按劲儿(ǎn jìnr) 正在蓄积力量,等待使用的意思。例如:"他一按劲儿就能追上你。"《骆驼祥子》:"它是在那儿按劲儿呢。"按念上声。

àn

暗场下(àn chǎng xià) 不言不语地走了。这是从戏剧术语转来的语汇。例如:"小李子哪里去了,怎么暗场下了。"暗场下也可以作为散了、完了用。例如:"这么大的事情,没个交代,就暗场下了。"

āo

熬头(āo tou) 心里纷乱,不得主张,或正在烦恼的意思。例如:"小孩子别乱,我心里正熬头呢。"北京还有"熬头恶心烦"的说法。例如:"这事真让我熬头恶心烦。"熬头是"懊恼(ào nǎo)"的口语化。

熬糟(āo zao) 因为环境不清洁,或身体不清洁,使人不舒服。例如:"你不理发、不刮脸,身上这么脏,多么熬糟！"又如："地也不扫，桌子也不擦，东西这么乱放，你觉得熬糟不熬糟？"元、明人把熬糟写作"鏖糟（áo zāo）"，见《辍耕录》。朱有炖写的散曲里有："头不梳，脸不洗，忒熬糟。"

熬糟，北京话里也说作"熬腻（āo nì）"。例如："这雨下起来没完，真叫人熬腻。"

áo

熬出头来了（áo chū tóu lái le） 忍耐、等待、挣扎叫熬。"出头"是不再被埋没、不再受苦难的意思。例如："北京解放，我们可熬出头来了。"

熬过来了（áo guò lái le） 说一个人渡过了苦难。又说一个人的重病，终于获得了救治。例如："我这千辛万苦，到底熬过来了。"又如："我爸爸的病，真熬过来了。"熬字在这里是有奋斗、扎挣的成分在里面的，不能作"等待"讲。

ào

傲（ào） 食品滋味浓厚、香美的意思。例如："这条烧鱼味儿真傲。"

傲不腾的（ào bù tēng de） 形容甜食过于味甜。例如："做什么食品，糖放得太多了，就傲不腾的不好吃了。"腾念阴平。

奥过觉去了（ào guò jiào qù le） 把该睡觉时候的困劲儿，错过去了，不再困乏。例如："我本来很困，因为一兴奋，就奥过觉去了，不再困了。"

B

bā

巴巴甑儿（bā ba zèngr） 最希望的意思，和"巴不能够儿的"意思相同。例如："这么热闹的晚会，他巴巴甑儿地去呢。"语汇的来源，"甑儿"在北京话里是"特殊人物"的意思。例如："谁都不许动，你怎么敢动，你是甑儿呀。"从这个甑儿的意思来看，巴巴甑儿是有"特殊"希望的意思。"甑儿"的来源待考。

八不甑儿似的（bā bú zèngr shì de） 形容人长得丑。但这个语汇，多半用作虚指，其实被说的人长得并不丑，是说话人从喜爱神气说的反语。用一句现成的文言，就是"其词若有憾焉，其实乃深喜之。"例如："这个孩子长得八不甑儿似的。"这一类的语汇很多，例如："瞧你长得丑八怪似的，谁爱你。" "瞧你长得姥姥不疼、舅舅不爱的这个小样儿。"

巴不能够儿的（bā bù néng gòur de） 非常希望去做的事，现在能够去做了，就用这个语汇来形容那欢喜的心情。例如："我能参加天安门义务劳动，真是巴不能够儿的哪!"或如:"他巴不能够儿地买了一辆自行车呢。"

吧嗒(bā da) 嘴上下开合而发声。例如:"这个人吃饭老好吧嗒嘴。""这个孩子,睡觉净爱吧嗒嘴,一定是吃多了。"也指吸烟袋时嘴里发出声音。例如:"我哪会抽烟,瞎吧嗒罢了。"

扒豁子(bā huō zi) 一个人正在进行一件事,另一个人从旁指出事情的漏洞,使这件事不成,在旧社会就叫扒豁子。例如:"他又做骗人的生意,我给他扒了豁子,没叫他骗成人。"揭露底细的意思。例如:"我说笑话,不许人扒豁子。"

巴结(bā jie) 过去形容奔走有权势人的门下,讨好有钱有势的人叫巴结。元曲里,巴结写作巴劫,关汉卿《救风尘》:"强巴劫深宅大院。"巴结也有努力上进向前的一个意思。例如:"这孩子,好不容易巴结上了中学了。"

八九不离十(bā jiǔ bù lí shí) 差不多的意思。例如:"你这个活儿,做得八九不离十了,再努一把子力气,就快够规格了。"十在说的时候,是可以儿化的。

拨啦(bā la) 拨开的意思。例如:"把这些碍脚的东西拨啦开。"拨本音bō,但在北京人说到拨啦这个语汇时,拨字就念成bā了。原文是从"拨落"两个字来的。又拨落也有分派的意思。例如:"把这些人,拨落拨落,该做什么的去做什么。"拨落也念bā la。

疤瘌（bā la）　疤痕的意思。瘌字通常写作疤或拉。例如："你头上落的疤瘌，可不小啊。"北京语汇里，有时把它作为创伤、教训用，例如，说一个人有了错误，经过一番教训以后，改正了错误，但过后又犯了同样的错误，人们就会说："这个人，没办法，好了疤瘌就忘了疼了。"

北京还有一个语汇"揭秃疮咯渣"，和揭疮疤相同。例如："小时候的事，你可别给我揭秃疮咯渣。"

巴拉饼（bā lā bǐng）　这是北京专有的一种糕点。巴拉是藏族语，巴拉面是藏传佛教敬佛的一种油面，用它做成的糕点叫巴拉饼。

扒皮鬼儿（bā pí guǐr）　形容衣服或人瘦小。例如："这么大的年纪，穿这么身扒皮鬼儿似的衣裳，真叫又难看又难受。"又如："这么冷的天，穿这么薄的衣裳，真像扒皮鬼儿了。"

bá

湃（bá）　果品、饮料，用冰或冷水浸镇使凉。《红楼梦》："才刚鸳鸯送了好些果子来，都湃在那水晶缸里呢。"湃不念本读音pài，念口语音bá。

拔脯儿（bá púr）　挺起胸来的意思。例如："站起来的中国人，真是人人拔脯儿。"这个语汇，如果不儿化，改为重读"拔脯子"，就成了对人示威，或反示威的一种姿态。例如:"你可别跟我拔脯子,咱们可是谁都不怕谁呀!"

八下里去了(bá xià li qù le) 形容四散分开,再凑不成一堆。例如:"我这个机器,谁给拆散到八下里去了。"

这个语汇里的八字念阳平(bá)。按照北京话发音规律,"八"两个读音,一个念阴平(bā),一个念阳平(bá)。紧接八字后面的如果不是去声字,这个八字就读bā,如八天(天,阴平),八层(层,阳平),八斗(斗,上声),如果紧接八字后面的是去声字,这个八字就必须读bá,如八下(下,去声),八个(个,去声)。

bǎ

把牢(bǎ láo) 坚实、可靠的意思。例如:"这堵墙砌个卧牛子,可就把牢了。"又如:"什么事你交给他,没有问题,那个人是个把牢的人。"把牢也可以说作"牢靠",用牢靠形容人,可以儿化,成为另一语汇"牢靠人儿"。例如:"你放心吧,他是个牢靠人儿,没错儿。"

把式(bǎ shi) 有某种专门技术的人。例如:"这个花儿把式,可真有能为,他种的花儿多好啊。"又如:"我们这位老大伯,掇弄牲口还真是老把式哩。""老把式"也可以做虚指词。例如:"这个人,可真是老把式啊。"表示指的这个人通达事理,精明干练。

bà

蹦跦（bà zha） 脚乱踩有东西的土地叫蹦跦。例如："这里刚扫完场，别在这儿乱蹦跦。"又如："刚穿上的新鞋，别乱蹦跦泥去。"说蹦跦泥，也可以说"chuǎ泥"，例如："挑着点道儿走，别chuǎ泥。"chuǎ字疑即踩字的重音，但踩是脚直落，chuǎ有蹬着前进的意思。

bāi

掰不开镊子（bāi bù kāi niè zi） 镊子是夹东西的用具，掰不开就不能利用它夹东西，转为形容人对于一个事理分析不清或对一件事想不开。例如："这么个小问题，你就掰不开镊子了，你再在收支数上想想，就弄清了。"又如："你别掰不开镊子，什么事得想开点儿。"

掰哧（bāi chi） 用手撕扯的意思。例如："把这个东西的外皮掰哧开，瞧瞧里面。"还有一个意思，是分析道理。例如："你把这个理儿掰哧开了，就明白了。"哧实际就是扯字的口语，所以"掰哧"也可以写作"掰扯"。

掰开了揉碎了（bāi kāi le róu suì le） 对人详细解说劝说的意思。例如："我掰开了揉碎了跟他这么一说，他才明白这个道理。"又如："我仔细地掰开了揉碎了这么一算，才知道'进货账'上，是有了错误了。"

bái

白花舌儿（bái hua shér） 能说会道的意思。例如："这个人，在大伙儿跟前真会白花舌儿。"

白话（bái huo） 话不念huà，念huo。形容小孩子在父母面前，能说讨父母喜欢的话。例如："这个孩子真能白话人。"白话也可以说成"聊扣（liáo kou）"。例如："这个孩子，聊扣得他爹总是笑的。"

bǎi

摆划（bǎi huo） 办理、安排的意思。例如："这件事真不好摆划。"在这里，划念huo的轻声，不念hua。元曲里用这个语汇的很多，王仲文写的《救孝子》里，就有："我可也几处徘徊无划划。"现在北京话里，也有许多处用摆划。例如："这件事这么挠头，真叫人没法儿摆划。"

摆闲盘儿（bǎi xián pánr） 说无关紧要的闲话的意思。《骆驼祥子》："甭摆闲盘儿，你怎么办吧。"同书："少扯闲白儿。"闲盘儿、闲白儿在北京话里，也可以说"闲篇儿"或"闲撤儿"。

bān

扳手（bān shǒu） 钱不敷余的意思。例如："这两天，钱我可有点儿扳手。"又如："买这个东西用这么多

11

钱,我可有点儿扳手。"扳在北京口语里,有时可以念bǎn。

bǎnr

板儿平(bǎnr píng) 形容东西平正。例如:"这条马路真是板儿平。"北京口语形容平、直、亮,都用"板儿",如:"板儿平""板儿直""板儿亮"。板儿和倍儿音近,因之,说话时候,就转为倍儿平、倍儿直、倍儿亮了。从而有了加倍的意思。后来,在平、直、亮以外,也应用起倍儿来,就和原来词意无关了。

bàn

半膘子(bàn biāo zi) 形容一个人行动滑稽,有点傻里傻气的意思。例如:"这个人不说正经话,净犯半膘子。"北京人说半膘子时,常常喜欢在后面加上"十业的"。例如:"这么大个子,还半膘子十业的,可怎么好!"十业两字还找不出适当的字。半膘子十业的,也可以说"膘不十业的",意义相同。

绊了蒜了(bàn le suàn le) 走累或喝酒多了,脚步困难的姿态。例如:"今天走了这么多路,脚都绊了蒜了。"又事情总弄不好,也说绊蒜,或绊脚。例如:"这么点小事真让我绊蒜了。"又如:"这件事,我可绊住脚了。"绊住脚也可以说"绕住脚"。

bàng

棒（bàng） 北京人形容一个年轻小伙子的身体壮，总用"棒"字来形容，例如："这个小伙子真棒。"棒字语汇的来源，是由满族语"巴克什"（意思是勇）转来的，最初是巴克什的合音"棒势"，三十年前，北京还有用"这个小伙子真棒势"来做形容词的，后来，就把"势"字省略，并且转为其他事物的称赞语了。如形容一场戏或一场表演的精彩，也用棒字形容，例如："这场戏演得真棒。"棒、真棒、功课棒、球儿打得棒、特别棒，是今天极通行的语汇。另外，在青年中还流行说"倍儿棒"，意思是加倍的棒。

bāo

褒贬是买主儿（bāo biǎn shì mǎi zhǔr） 意思是能挑毛病的顾客，是真正能做成交易的顾客，转为不怕别人提意见，能提意见的人，是对自己有帮助的人。例如："请诸位多提宝贵意见，褒贬是买主儿，我一定虚心接受。"褒念阴平。

包余儿（bāo yuánr） 这是一个经常用的语汇，也是一个很古老的语汇。意思是：在购买物品时，见所剩的货物不多，打算全部买下来，就说："你这个东西，我包余儿了。"余不念本字音读（yú），而念北京口语音读（yuán），读作"包圆儿"。包有时念作包的本声阴平

（bāo），有时也可以念作包的去声（bào），成为"抱圆儿"。这个语汇，必须儿化。

bǎo

保不齐（bǎo bu qí） 没有十分保证的意思。例如："夏天，保不齐得下雨，出门总是带上雨衣的好。"《龙须沟》："至于出点小毛病，那是谁也没想到这场大雨，保不齐的事。"

bénr

唪儿（bénr） 障碍的意思。例如："我背书背得挺熟，只打了一个唪儿。"这里唪儿也可以说成"砢唪儿"。砢可念ke的阳、阴平两声。又如："他跑着跑着，一个唪儿就摔倒了。"又如："我办事不细心，总是碰见唪儿。"又如："你看他噘着嘴，准是又吃了唪儿了。"唪如念阴平（bēnr），便是形容清脆的声音。例如："唪儿的一声，气球儿就碎了。"

bèn

奔奔儿（bèn benr） 旧社会没有固定职业的人，以每天外出寻求一天的生活，叫"奔去"。例如："哎！我一天到晚得奔去。"也可以说"奔奔儿"。例如："谁有工夫跟你们瞎聊，我还得奔奔儿去呢！"奔奔儿也可以说

"奔落儿"。"落儿"是着落的意思。

奔头儿（bèn tour） 封建社会里常以有子孙为有奔头儿。解放后，人们多用这个词来指光明前途，远大前程。例如："在我们伟大的社会主义国家里，干什么都有奔头儿。"

bēng

绷绷儿（bēng bengr） 等一等的意思。例如："时间还早，咱们稍微绷绷儿再走。"北京已故评书老演员赵英颇，把稍微绷绷儿简化成为"稍绷"，今天也成了流行的语汇。例如："吃饭不忙，稍绷。"

绷出去（bēng chū qu） 用话把对方顶出去的意思。例如："他又到我这里唠叨，让我用话给绷出去了。"语汇的来源，是用弹弓打弹子，把弹子绷出去的意思。绷念阴平。

běng

绷着脸儿（běng zhe liǎnr） 板着面孔，表示不高兴。例如："他当时就绷着脸儿，一句话也不说。"北京语汇里，还有一个"绷盘儿"，也是绷着脸儿的意思。还有一句形容绷盘儿的话叫"酱肘子绷盘儿了"。例如："刚说他这么一句话，他就酱肘子绷盘儿了。"绷念上声。

bī

逼揩（bī ken） 催逼、逼迫的意思。例如："你别逼揩我了，忙得我连笔记本都忘了带了。"逼揩在《红楼梦》里，写作"逼樺"："也别逼樺紧了他。"

bí

鼻子头（bí zi tóu） 说话时引以为例的对象。例如："你看人家老刘一个剧本都写完了，你还没动笔呢。"这句话里的老刘就是鼻子头。这个语汇，从说话人角度，可以说"抓鼻子头"。从鼻子头角度，可以说"拿我（你、他）当鼻子头"。例如："什么事你都拿我当鼻子头，那可不行。"

bǐ

比粗儿（bǐ cūr） 两个人比较强弱、大小的意思。例如："咱们比比粗儿，瞧谁干的活儿多。"这个语汇，在旧社会是剥削阶级动不动就拿钱吓唬穷人，穷人反唇相讥的话。例如："你甭仗着几个臭钱欺侮人，穷爷爷拔根汗毛也敢跟你比比粗儿。"

bì

闭了眼（bì le yǎn） 下定决心这样做。例如："这回我是闭了眼了，非这么办不行。"更形象一些的一个语汇,是"撒手闭眼",有破釜沉舟的意思。

biān

编派(biān pai)　议论人,编瞎话。例如:"你们总是嘀嘀咕咕地编派我。"又如:"他编派了一套瞎话,打算蒙哄大家。"

北京还有一个语汇"编bà(霸)",意思是大家计谋共同对付一个人。例如:"他们编着bà地欺侮我。"

边式(biān shi)　就是漂亮。漂亮是北京四十年来的新语汇,逐渐代替了老语汇边式,但边式在一般人说话中,还没有完全死掉。例如:"嚄!小伙子捣持得透着边式呀!"捣持,另见"捣持货儿"条。

biàn

变通劲儿(biàn tong jìnr)　对事情能够灵活处理的劲儿。例如:"老方有个变通劲儿,只要是不违反原则,事情他都可以商量着办。"通念轻声。

biǎo

表情(biǎo qíng)　个人夸功、表功的意思。例如,甲:"这件事要不亏我,出了危险,就小不了。"乙:"得了,别表情了。"又如:"他给人帮了点忙,总爱自己表表情。"

17

bié

别价（bié jie） 价不念jià的本音，念jie轻声，是北京口语。别价就是别的意思。例如："别价，这么做事可不行啊！"有在价后加呀字，成为别价呀，语意相同，比单用别价，语气急促一些。例如："别价呀！快搁下！"这个语汇，主要说明的是北京口语的读音。

biè

别扭（biè niu） 不顺心、难对付的意思。例如："这件事，真叫人心里别扭。""你这个人真别扭。"

bīng

冰核儿（bīng húr） 冰块经过融化，最后剩下的那些坚实小冰块。《骆驼祥子》："里边把人冻成冰核儿。"核念hú。北京口语说果实的核，都念hú，如桃核（táo hú）、杏核（xìng hú）。只有核对、核计念hé duì、hé jì。

bìng

病病殃殃（bìng bìng yāng yāng） 形容人久病萎靡，没有精神的样子。例如："你这么病病殃殃的，还出来做什么。"和这个语汇完全相同的，还有一个语汇"病病歪歪"。

bō

拨拨转转儿（bō bo zhuàn zhuanr） 形容一个人做事没有主动性，非得旁人告诉他，他才做。这句话的全语汇是"支支动动儿，拨拨转转儿"。例如："这个同志，必须启发他的主动性，不然，这么拨拨转转儿的，怎么完成任务呀？"第一个转念去声，第二个转轻声。和这语汇意义相同的，还有一个"拨拨蹭蹭儿"，蹭是慢走的意思，另见"蹭"条。

bǒ

驳和（bǒ he） 调解纠纷的意思。例如："老唐、小刘近来常闹意见，你应该给他们驳和驳和。"驳不念本读音bó，念口语音bǒ，也可以念bò，和念短轻声。

bú

不待见（bú dài jiàn） 不喜欢，含有憎厌的意思。例如："人不待见你，你就别去了。"《红楼梦》："叫她知道了，又不待见我呀。"反过来，就是"待见"，另见"待见"条。

这个语汇里的不字念阳平（bú）。按照北京话发音规律，"不"字有两个读音：一个念阳平（bú），一个念去声（bù）。紧接不字后面的是去声字，这个不字必须读bú，如：不去（去，去声），不是（是，去声）。紧接不字后面的不是去声字,这个不字必须读bù,如:不喝(喝,阴平),不吃(吃,阴平)。

不是柴火(bú shì chái huǒ) 含有轻微的责骂意味的一句话。意思和"不成材"差不多。多用于所喜爱的人。例如:"这孩子这么淘气,不是柴火!"

不照(bú zhào) 不好,不妙的意思。例如:"我瞧老刘这个病,有点儿不照,你们大伙儿得留点儿神。"又如:"这件事这么办,怕不照吧,大家再想想看。"

bù

不吃不斗(bù chī bú dòu) 形容一个人既不接受别人的意见,又不提出反驳的意见。例如:"这个人不吃不斗,怎么能把他说通了。"这是北京一个老语汇,原意是既不表示对人投降,又不敢斗争。例如:"这个人不吃不斗,算什么人物。"

不吃汤(bù chī tāng) 不容易被人的婉言诱说,说出个人应该保守的秘密来。例如:"无论你怎么说,我是不吃汤的,我应该说的都告诉你了。"北京歇后语有"老衙役,不吃汤"。单说汤,就是诱说的意思。例如:"汤一汤他。""汤他一水。"

不得烟儿抽(bù dé yānr chōu) 形容一个人的处境有困难,情况不妙等。例如:"我这两天真不得烟儿抽,一个钱都没有了。"《龙须沟》:"解放了,好人抬头,你们坏蛋不大得烟儿抽。"

不打得儿（bù dǎ der） 不容工夫，紧接着的意思。例如："我刚做完这个活儿，不打得儿又做那个活儿去了。"又如："他刚下课，没打得儿又去看电影去了。"北京儿歌："破你个谜（mò）儿，不打得儿，开黄花儿，结棒棰儿。"

不服柴（bù fú chái） 不服气，不承认错误。例如："我就不服柴，一定把这事搞成了。"又如："本来是你搞错了，不服柴不行。"

不价（bù jie） 不然的意思。例如："我请你吃夜宵，一定我给钱，不价，我不去了。"价念jie轻声。价也可以写成家，读音相同。《龙须沟》："要不家呀，他就不管我啦。"要不家就是要不然的意思。

不剌（bù lā） 元曲范康写的《竹叶舟》里，有："穿着这破不剌的旧衣。"可见这个语汇来源很早，但今天北京人用这个语汇形容衣服破旧时，总在剌字后加一"撒"字，成为"不剌撒"。例如："你怎么穿这么破不剌撒的。"和这语汇相同的，有不搭（bù dā），例如："臊不搭的""灰不搭的"。

不离吗的（bù lí ma de） 差不多、差一点的意思。例如："玩得不离吗的，咱们也该回去了。"《骆驼祥子》："不离吗的哪个不让他给蹶（撅）了。"吗字轻声。离吗都可以儿化，但如果离字儿化，吗字就不儿化；

如果吗字儿化，离字就不儿化。蹶了参阅"撅人"条。

布让（bù ràng） 在筵席间用匙箸给客人掂食品的意思。《红楼梦》："已摆了果茶上来，熙凤亲自布让。"如果指的是菜，也可以直接说"布菜"。另外，还可以说"布一布"。布在这里，本身就有让的意思，转为有推卸责任的意思。例如："小孟今天把报幕布给小刘了。"

不宣分（bù xuān fen） 气愤不过的意思。例如："他瞧着大地主欺侮扛活的，心里不宣分极了。"

不唧（bù ze） 动词后的语助词。例如："你说说不唧呐，大家也好帮助你分析分析。"不唧连接上面动词，为的是把上面动词冲淡一些，减少它的严肃性。

不周不备的（bù zhōu bú bèi de） 想不完全的，不周到的。例如："我说的话，不周不备的你可要原谅我。"又如："招待得太不好了，不周不备的请诸位提意见吧。"周念快了，就成招（zhāo）的音了。

C

cā

擦黑儿（cā hēir） 黄昏时候。这是比"傍黑儿"更通用的语汇。例如："不晚，我擦黑儿就回来了。"北京还有一个语汇，也是形容黄昏时候的，音是（yǎn cā làr），据说是过去各街巷黄昏时候，必须关栅栏门，这是从"掩栅栏儿"来的语汇。这个语汇，今天老北京人口中还在经常说着。

cāi

猜仨攥俩（cāi sā zuàn liǎ） 疑心，举棋不定的意思。例如："你不用猜仨攥俩的，该怎么办就怎么办算了。"仨念sā，三个的意思；俩念liǎ，两个的意思。猜仨攥俩也可以说"攥仨猜俩"。

cǎi

踩藕（cǎi ǒu） 踩藕本来是收获藕时的动作，因为动作时左摆右摆，仿佛站不稳似的，转用来形容喝醉了酒的人，是非常形象的一个语汇，例如："瞧，你喝这么多的酒，脚都踩藕了。"形容喝醉了酒的人，还有"脚踩棉花了""绊了蒜了"两个语汇，意思完全相同。

cáng

藏着掖着（cáng zhe yē zhe）　隐瞒真相的意思。例如："一个人有问题，必须交代出来，藏着掖着是不行的。"反过来是"不藏着不掖着"，意思是坦白、诚恳。例如："老周对待人真好，从来也不藏着不掖着。"

cáo

艚旧（cáo jiù）　衣服、器物等陈旧褪色的意思。《儿女英雄传》："进来了个清瘦老头儿，穿着身艚旧衣裳。"明人沈榜写的《宛署杂记》："物不新曰曹。"

cǎo

草刺儿不值（cǎo cìr bù zhí）　形容东西不值钱，但北京话里通常用来规劝人要节俭。例如："粮食不是容易打来的，不能草刺儿不值似的浪费。"这个语汇，也有说成"蒿草不值"的，意义相同。

cèng

蹭棱子（cèng léng zi）　对于一件事，不爽快地去做,磨磨蹭蹭的样子。例如:"你说这件事,成不成吧,说干脆的,别蹭棱子。"另见"磨蹭"条。

chá

岔口儿(chá kǒur) 一件东西折断的部分叫岔口儿,借用作话口、语气。例如:"一听李四说话这个岔口儿不对头,他就溜了。"又如:"大家正说在岔口儿上,他来了。"岔口儿也可以写成"茬口儿",茬口儿是种田分茬的种植时期。和岔口儿含义一样。

茶是后来酽(chá shì hòu lái yàn) 形容越往后越好。例如:"茶是后来酽,现在的日子是越往后越好过呀。"又如:"听吧,老孙说故事,是越说越好,茶是后来酽嘛。"

chǎr

镲儿哄(chǎr hòng) 镲是铜钹,声音洪大,如果一阵乱敲铜钹,就能把一切声音压下去,什么话的声音也听不见了,有什么争执,也就不了了之了,北京语汇使用"镲儿哄"来形容一件事的没结果散场。例如:"挺好的一码事,让你这么一吵,镲儿哄了。"

chà

岔和(chà he) 在人极悲痛的时候,用别的事转移他

25

的注意力，减轻悲痛。例如："你别难过了，咱们听场相声去，岔和岔和就好了。"和也可以念成huo。

岔忽（chà hu）　打断了话头，打断了思考的意思。例如："你别岔忽我，等我说完了。"又如："一个人正在集中精力想问题，就怕岔忽。"岔忽也可以写作"差忽"。

岔劈儿（chà pīr）　无意中的差错，无意中的分歧。例如："等了他这么半天还没来，一定走岔劈儿了。"又如："干什么事，多留点儿神，弄出岔劈儿来，还得费一回事。"岔劈儿也可以写作"差劈儿"。

chāi

拆兑（chāi dui）　互通有无，交换使用的意思。例如："我这里水泥还没运到，你们组里先拆兑我们十袋。"拆兑用在金钱方面时候比较多，用它代替了借字，旧社会习俗，觉得说拆兑比借字好听似的。例如："大哥，你拆兑我俩钱儿使。"

另外还有一个"摘兑"，和拆兑相同，只是专用在借钱方面。

chán

缠磨（chán mo）　纠缠的意思。《红楼梦》："外边晴雯听见她嫂子缠磨宝玉。"也有缠身不得摆脱的意思。例如："这场肝炎病，缠磨了他一年多。"

cháng

长三似的（cháng sān shì de） 形容人着急时眼睛的神态。过去骨牌里有一张长三，是斜着两个三点儿，像眼睛立起似的，因此，有了这个语汇。例如："为了这件事，我急得眼睛都成了长三似的了。"

北京风筝里，有一种叫"沙燕儿"的，画的眼睛也是斜立着的，所以也有"我眼睛都急得成沙燕儿似的了"一个语汇。

长腿（cháng tuǐ） 意思是无意之中，总会遇事赶上好机会。《红楼梦》："好长腿子，快上来罢。"这个语汇，北京口语也可以说"毛衫儿长"，语汇来源是初生婴儿穿的汗衫，不缝下边，叫作毛衫，一般认为小孩子能遇事赶上好机会，是外婆家给做的毛衫长的缘故。

chǎng

敞开了（chǎng kāi le） 毫无保留、尽兴的意思。例如："有话，敞开了说。""酒，敞开了喝。"敞开了的开字后，还可以加量字。开字还可以儿化，成为"敞开儿了说""敞开儿了喝"。如果加量字，就要把量字儿化，开字不儿化。如"敞开量儿说""敞开量儿喝"。

chāo

抄（chāo） 拿的意思，但和拿又有所不同，第一有表示亲切的意思。例如："你给我抄过一碗饭来。"又如："他不问这纸烟是谁的，抄起来就抽。"第二有表示不问主人，拿起来就用，而且拿到自己那里去用的意思，例如："我的铁锹，叫谁抄走了？"

chǎo

吵秧子（chǎo yāng zi） 乱说乱嚷，无关紧要的吵嘴。例如："大伙儿这个刚休息，你们吵什么秧子。"

吵子（chǎo zi） 口舌是非，这专指一场是非说的。例如："你们搞得这么乱七八糟的，老张头瞧见准是吵子。"又如："你们这么左一场右一场的闹吵子，这是不行的。"

chē

车喝（chē he） 挑拨，但不够挑拨离间的程度，只是当面做玩笑式的煽风。例如："你别车喝了，我们都快打起来了。"还有筛海（shāi hai）一个语汇，和车喝完全相同，另见"筛海"条。

车拦头辆（chē lán tóu liàng） 是执法必须从第一个开始的意思。例如："不用管是谁，违法乱纪就要处分，必须车拦头辆。"

车联（chē lian） 形容人物行动的连续不断，行动接连。例如："这一大串的行人，车联车联地走了好大半天。"又有形容人大步行走的意思。例如："那个汉子，迈开大步,车联车联地走下去了。"

车走头辆(chē zǒu tóu liàng) 形容有勇气,不怕困难。例如:"甭管遇见什么困难,也应该勇敢地领先跑上去,车走头辆,以后就好办了。"

chě

扯臊(chě sào) 乱说没用的、没有意义的话,旁人便说他扯臊或瞎扯臊。例如:"小牛子,别在这儿瞎扯臊了,温功课去吧。"瞎扯臊的简化,就是瞎扯。从瞎扯丰富一下,就是"瞎扯胡咧"。例如:"别听他瞎扯胡咧的,没那么回事。"

chēn

抻练(chēn lian) 意思是不含好意地用难题困倒人。例如:"有什么问题你说吧,抻练不短我。"练也可以念作吝(lin)轻声。

chén

沉重儿(chén zhòngr) 责任。例如:"这个沉重儿我担了。"又如:"我可担不起这么大的沉重儿来。"

chèn

趁火补漏锅(chèn huǒ gù lù guō) 趁火打劫,但

比趁火打劫语意轻松，有在忙乱中添忙乱的意味。例如："大伙儿都忙不过来了，你还在这里趁火补漏锅。用什么东西，自个儿找吧。"补漏两字，在这里念gù lù，不念本读音bǔ lòu。

chěng

逞能（chěng néng） 自我表现的意思。例如："别瞎逞能了，你才学习了几天，慢慢儿来吧。"

chī

吃不了兜着走（chī bù liǎo dōu zhe zǒu） 原意是这些食品都是你的，吃不了剩下来的，你也得用布兜起来带走，转为要负全部责任的意思。例如："这件事，要是出了楼子，你可吃不了兜着走。"楼子，现代作家都写成漏子，实在应念阳平。这个语汇的了字，念liǎo不念le。

吃二魔（chī èr mó） 魔指剥削人的人。例如某甲压榨人来的钱，又叫某乙给吞没了。某甲就是被某乙吃二魔了。

吃几碗干饭（chī jǐ wǎn gān fàn） 有多大本事的意思，但这个语汇完全用在讽刺方面。例如："这个人，才有这么点成绩，就不知道吃几碗干饭了。"又如："瞧这个人样子，真不知道他吃几碗干饭呢，敢情不怎么样。"

吃伤了（chī shāng le） 对于某一种食品，喜欢吃，因而天天吃，顿顿吃，到了再不喜欢吃这种东西的程度，叫作吃伤了。例如："我小的时候，天天吃糖，吃伤了，现在不那么爱吃甜食了。"

吃心（chī xīn） 多心的意思。例如："我说这话，你可别吃心，我是为了大家的利益。"《红楼梦》里，写作"沉心"，如："因又拉上薛蟠，惟恐宝钗沉心。"沉心的沉，在北京口语里念阴平chēn。《红楼梦》里，有的地方，也写作"嗔心"。

吃绪儿（chī xùr） 中间吃佣钱，但这种佣钱，不完全是手续费，也有的是工具折旧费。过去瓦工的工具折旧费，在瓦工包工头儿来说，就是吃绪儿。例如："张瓦匠从来不多吃绪儿。"

chí

尺寸（chí cùn） 一件东西的大小，转为尺度、标准的意思。例如："做一件事，要有尺寸，事前可以预料，事后也好总计。"又如："你这个人，做事一点尺寸都没有。"尺念阳平。分寸（fēn cùn）和尺寸意思相同，但比尺寸用得更普通些。

扯累（chí lei） 负担的意思。例如："出门带孩子，简直是扯累。"又如："这孩子真是我的扯累鬼。""扯累鬼"在这句话里，另成了一个语汇。嗜好也可以说扯累，例如："我这爱喝酒，就是我的扯累。"扯累的扯，不念扯（chě）的本读音，念口语音chí，音同池。累念轻声。

chōng

充胖子（chōng pàng zi） 装架势、硬充了不起的意思，也可以说"鼓着腮帮子充胖子"。例如："你别瞧他那么瞎嚷嚷，那是鼓着腮帮子充胖子呢。"也有"打肿了脸充胖子"的说法。

chōu

抽抽（chōu chou） 违反常态的缩小，或比原来形状缩小。例如："这棵小树，怎么越长越抽抽了。"又如："这个橘子都干抽抽了。"也指不如从前，如："这孩子的功课，越来越抽抽了。"

抽筋扒骨（chōu jīn bā gǔ） 使尽了人力或财力的意思。例如："我抽筋扒骨地把这块石头搬走了。"又如："我能有多少钱？抽筋扒骨的才买了一个收音机。"

抽冷子（chōu lěng zi） 在旁人没有防备的时候，说出一句话来，或大喊一声，或做一件事，使人吓一跳。例如："你怎么抽冷子打我一下呀？"又如："他抽冷子这么一喊，吓了我一机伶。"抽冷子还有一个意思：不经常。例如："大伯父不常到我这里来，抽冷子来一趟。"北京语汇里，抽冷子在抽字后面加一个"个"字，成为"抽个冷子"，和抽冷子意思一样，不过更活泼些。个念成过（guò）的音。

chòu

臭出去了（chòu chū qù le）　臭不是香臭的意思，而是传扬出去的意思，这是北京特有的语汇。应该特别注意的：臭在这里，是含有称赞的成分的。例如："你还不知道呢，你模范的名儿早臭出去了。"

北京语汇中所说的"名儿""名声"，大致相同，但说"名儿"是有好名誉和坏名誉两方面的意思；说"名声"就多指坏名誉方面了。例如："他这些年，名声不大好。"

臭了（chòu le）　感情破裂了。例如："你瞧他们好得蜜里调油似的，这会儿又臭了，谁不理谁了。"

臭了街（chòu le jiē）　臭了街是满了街的意思。例如："韭菜这么嫩你不吃，非等臭了街才吃吗？"语汇来源，过去人民购买力低，常常有鱼虾鲜货，放得腐烂了，也卖不出去的情况，这个语汇就是由此产生的。

臭嘴不臭心（chòu zuǐ bú chòu xīn）　形容兄弟间的吵嘴，内部的争论，虽然吵得厉害，争论得激烈，但内心仍是和好，仍是团结的。例如："你别瞧他们俩吵得厉害，他们是亲弟兄，臭嘴不臭心，咱们旁人不用搭茬儿。"

chū

出不来进不去（chū bù lái jìn bú qù）　这是"进退两

难"的口语化、形象化。还有为难和难看的意思。例如："你当着这么多生客人，说我的笑话，弄得我出不来进不去的，这怎么好！"又如："这件事，办也不好，不办也不好，真有点儿叫人出不来进不去，怪难受的。"

出格儿（chū gér） 不遵守应该遵守的规矩。《骆驼祥子》："做女儿的哪点出格儿了。"出格了也可以说"大差离格儿"。格儿是过去学习写楷书时的纸上框格，有墨格、米字格种种，写字必须写在格里，出了格儿是不行的。

出箍眼儿（chū gū yanr） "箍眼"本是一种眼病，病状是眼皮上凸起一个包来，转为形容一件事出了问题，或一件事本没问题，但是有人要在这里胡出主意。例如："这件事，办得四平八稳的，怎么会又出箍眼了？"又如："大伙儿都觉得这么挺好，你可别胡出箍眼儿。"眼的轻声儿化，念成意儿的音。两个例子中，前一个例子语气严肃，眼字不儿化念重音，后一个例子语气轻松，眼字儿化念轻声。

出溜（chū liu） 有走下坡路、向前或向下滑、小孩子在地上走动等几个意思。例如："这个人，怎么教育他，他怎么往下打出溜。"又如："他刚爬到旗杆顶上，又出溜下来了。"又如："真快，这娃娃都会满地上出溜了。"

出息（chū xi） 有生长发育、发展前途等意思。例如:"这个小姑娘出息得像个大人了。"又如:"瞧他这么努力学习,热爱劳动,将来一定有出息的。"北京口语,以一个人不害臊,叫作"没出息""没出息儿"。第一个意思的出息,《红楼梦》里写作"出挑",如周瑞家的说王熙凤:"如今出挑得美人儿似的。"

chǔ

怵窝子(chǔ wō zi) 小孩子不敢见生人的意思。例如:"这个小孩子都这么大了,还是怵窝子不敢见人。"怵在这个语汇里,不念去声,念上声。

chù

怵头(chù tou) 胆怯,怕难的意思。例如:"这么重要的任务交给我,刚开始的时候,我真有点怵头。"又如:"天刚这么一冷,你就怵头不敢出去了。"

chuāi

揣起来(chuāi qǐ lái) 普通话的原意是把东西揣在怀里。北京话是把该说的意见不说,有保留的意思。例如:"这个人不容易打交道,他有好多话不说,总是揣起来留着。"

"揣起一半儿来"和揣起来相同,不过更具体、更通行些。例如:"今天,有话当面说清,谁揣起一半儿来可不行。"

揣着明白说糊涂（chuāi zhe míng bái shuō hú tu） 装傻的意思。例如："一个人应该坦率，不能揣着明白说糊涂。"

chuài

踹了（chuài le） 见"死"条。

踹腿了（chuài tuǐ le） 见"死"条。

chuān

穿换（chuān huan） 交换着使用。例如："现在，咱们先穿换着用这一副水桶和那把铁锹，等工具都运到了，再各自用各自的。"元曲里也有这个语汇，只是专指交换，乔吉甫写的《扬州梦》里有："我与大姐穿换一杯。"穿换也有朋友往来的意思。《龙须沟》里写作"串换"，如："这才把串换都断了。"串也念阴平。

穿堂过屋（chuān táng guò wū） 旧社会形容两个人交情密切，可以不必敲门，直接走进朋友的屋里。例如："我们俩人，有穿堂过屋的交情。"堂也可以说作房。

chuàn

串房檐儿（chuàn fáng yànr） 旧社会指到处赁房住。例如："我们这些过去串房檐儿住的人家，今天也住上大楼宿舍了。"檐念去声，不念原音阳平。

chuǎng

闯练（chuǎng lian） 离家外出，在实际生活中锻炼。例如："别老抱住书本啃，应该到农村或工厂去闯练闯练。"

chuī

吹灯拔蜡了（chuī dēng bá là le） 见"死"条。另外一个语汇"吹灯拔蜡踹锅台"，意思是一切都完了。例如："这件事，吹灯拔蜡踹锅台了，什么也不用指望了。"

吹归了（chuī guī le） 见"死"条。

吹了（chuī le） ①一件事没办成或不再做了的意思。例如："今天下雨，晚会吹了。"这个语汇来源，是从过去小孩子游戏来的，两个小孩子，表示友好时，就各用右手食指，互相一钩，便有了友好关系，叫作"搭钩子"。如果解除这种友好关系，便各用一只手掌平放唇边，吹一口气，叫作吹了。②见"死"条。

吹台了（chuī tái le） 见"死"条。另外一个意思，是事情没办成。例如："这件事吹台了，你不用等了。"

吹挑子了（chuī tiǎo zi le） 见"死"条。

chūn

春出去（chūn chū qu） 说出去的意思。旧社会里有所谓江湖隐语，叫作"春典"，春就是说的意思，相声里的一个人说的相声，就叫单春。例如："你这件事，大伙儿都春出去了，你也隐瞒不住了，就等你说结婚的准日子了。"

"春典"和北京人所说的"妈妈大全"，都不是实有这种书的，可以说是人民口头"书籍"。

chuǒ

戳个儿（chuǒ ger） 说人的身体高矮适中，风度也还不错等意思。例如："这个小伙子的身量戳个儿、模样长相儿，实在不错。"戳也可以写成矗。但戳、矗都念口语音上声，不念本读音。

cī

呲嗻（cī de） 严加责备或批评。例如："你这么淘气，快挨呲嗻了。"呲嗻也可以说作"呲儿"。例如："又挨呲儿了吧。"呲通常写作泚。

跐儿piā 从滑倒的声音来形容滑倒。例如："你要小心走路，雪后地这么滑，来个跐儿piā怎么好。"旧社会讽刺穿绸缎的人叫作"穿跐儿piā的"，意思是形容衣料滑溜。例如："这小子，穿了一身跐儿piā，就不认识老乡亲了。"

cí

磁实（cí shi） 东西的坚固，事实的可靠，都可以说磁实。例如："这个房基，打得真磁实。"又如："这个皮箱，做得真磁实，十年也坏不了。"又如："你放心吧，这事已经办磁实了。"

cì

刺挠（cì nao） 轻微地发痒。例如："我身上直刺挠，应该洗洗澡去了。"

刺儿刺不唧（cìr la bu jī） 有讽刺意味的，使人听了不舒服的。例如："这个人说话怎么老是刺儿刺不唧的。"爱说刺儿刺不唧话的人，叫作"刺儿头"。

cū

粗脖子红筋（cū bó zi hóng jīn） 着急的样子。例如："有什么事慢慢说，干什么粗脖子红筋的。"北京人说这句话时，有的在粗字、红字后面加了字，说时更显生动，成为"粗了脖子红了筋"。

cú

促狭（cú xie） 爱用诡计作弄人，例如："你怎么这

39

么促狭,把我的书藏起来了。"另有"促狭鬼"的说法,指爱作弄人的人。狭念谢字的轻声,也可念戏字的轻声。

cù

猝死猝灭(cù sǐ cù miè) 发誓的话。例如:"我要骗你,叫我猝死猝灭。"猝可以写成促。猝也可以念阴平。

cuān

撺掇(cuān dui) 怂恿;从旁鼓动。例如:"撺掇小任,今天晚上看电影去。"掇在北京口语里念dui(轻声)。

蹿辕子(cuān yán zi) 发急。例如:"咱们老老实实地做工吧,别招老郑头蹿辕子。"这个语汇,是从驾驶兽力车的人,坐在车辕子上,遇到危险情况,蹿下车辕子转来的。辕在北京口语里,不念本读音yuán,念口语音yán。

cuán

攒瓣儿(cuán bànr) 旧社会大伙儿一齐动手收拾一个人的形容词。例如:"大伙儿上前一个攒瓣儿,就把那个人按在底下了。"现在评书里经常说这个语汇。新语汇的攒瓣儿,有齐心努力的意思。例如:"这么点活儿,大伙儿一攒瓣儿就完了。"

攒儿稀(cuánr xī) 理亏心虚。例如:"我拿话一追问他，他攒儿稀了，什么实话全说了。"

cuàn

窜（cuàn） 形容某种东西特别好。例如："这碧螺春茶叶味儿真窜。"又如："咱们中国的江西瓷器，那真叫窜。"

如果形容或称赞物品的真实，可以另用"地道"，地道里也包括窜的意思。例如："中国丝绸真地道。"道念轻声。

cuì

脆报儿（cuì bàor） 快速做完工作的意思。例如："就这一点活儿，一个脆报儿就完了。"脆报儿普通一点说"脆快"。例如："脆快一点儿，工作完了再休息。"报可以写作暴。

cùn

寸劲儿（cùn jìnr） 巧机会。例如："你要买的那个东西，早已不生产了，赶上寸劲儿，还能买到旧的。"又如："折断麻绳是个寸劲儿，硬扯是不行的。"赶上寸劲儿也可以说"赶寸了"。例如："赶寸了，我许能参加你们的婚礼，看时间吧。"赶寸了也可不加赶字，直接说"寸了"。

D

da

搭（da） 这个"搭"念轻声,常附在表示"动荡"的动词后面。例如扭搭:"小罗特别高兴,扭搭扭搭就来了。"

踢搭:"这孩子两只脚总是踢搭踢搭的。"

抽搭:"他抽抽搭搭地哭上没完。"

抡搭,意思是吃点苦,经历些困难:"一个人总要不怕抡搭。"

摔搭,意思与抡搭同:"小孩子多摔搭摔搭,是好的。"

挤搭,和挤对相同,排挤的意思。"你这么挤搭人,是不合道理的。"

dā

搭拉（dā la） 垂下来的意思。例如:"说得他搭拉脑袋了。"又如:"腰带上搭拉着一条羊肚手巾。"元曲里做"答剌",马致远写的《黄粱梦》里有:"这一个,早直挺了躯壳；那一个，又答剌了手脚。"明人沈榜写的《宛署杂记》："物之下垂曰嗒喇。"

搭撒（dā sa） 形容眼皮下垂。例如："他搭撒着眼皮，连人一眼都不瞧。"搭讪的口语化。例如："他自己知道讨了没趣儿，搭撒搭撒着就走了。"

dá

打点（dá dian） 准备。例如："你把那些东西打点出来，明天我好带走。"旧社会行贿也叫作打点。例如："你们这个官司不轻，还不想法子打点打点。"打念阳平。

dǎ

打把式（dǎ bǎ shi） 有练武和翻来覆去睡不稳两个意思。例如："他正在打把式哩。"又如："吃多了，睡觉就打把式。"式念轻声。

打饱膈儿（dǎ bǎo gér） 本来是人吃饱了以后，反胃气打响膈的意思，转为形容满足。《儿女英雄传》："这两三吊钱，你就打了饱膈儿了。"膈也可以写成咯。

打鼻子（dǎ bí zi） 形容香味浓厚。例如："这种花，真是打鼻子香。"打鼻子，也可以说"打鼻儿""喷鼻儿"，喷念pèn。这种打鼻子、打鼻儿、喷鼻儿，只能指香味。

打不过揪儿挽不过纂儿来（dǎ bú guò jiūr wǎn bú guò zuǎnr lái） 妇女的头发少了，就打不上头揪，挽不上头纂，转为一个人收入少，不够生活费用。例如："在旧社会，一天挣个孙十钱儿，打不过揪儿挽不过纂儿来，还有闲钱听戏？"揪是鬏字的通俗写法。

打岔（dǎ chà） 搀话。旁人话还没说完，从中搭言，甚至岔开原说话人的话头。例如："我们这里说话，你干什么竟打岔呀？"打岔在元曲里写作"打搀"，王仲文写的《救孝子》里有："令史打搀。"现在北京话里也有"搀话"这个语汇，例如："小桐这孩子，专爱搀话。"

打吃溜（dǎ chī liu） 对于对方的意见或要求，微露不满意时口里吸气。例如："我一打吃溜，他就不往下说了，他知道不找那个胡脸。"找胡脸也是一个语汇，另见"找胡脸"条。

打得山响（dǎ de shān xiǎng） 打得东西响声很大。例如："鼓打得山响。"有的书里，山响写三响。如《儿女英雄传》："忽听得大门打得三响。"

打滴溜儿（dǎ dī liūr） 来回旋转。例如："人家放风筝，一放就放起来了，到了我手里，一放就打滴溜儿。"

打哈哈（dǎ hā ha） 开玩笑。例如："咱们不打哈哈，说真个的。"

打花胡哨儿（dǎ huā hu shàor） 闲着没事说玩笑话。例如："我们这儿正忙呢，你别在我这儿打花胡哨儿。"

语汇的来源，北京人说蛇的别名为花胡哨儿，闲来没事弄蛇玩，叫打花胡哨儿。另外，还有"唱呀咿哟（chàng yà yī yāo）"一个语汇，和打花胡哨儿相同。例如："大家都着急呢，他倒唱起呀咿哟来。"呀，去声，咿字可以儿化。

打价儿（dǎ jiàr）　讨价还价的意思。例如："这双袜子六毛四，打价儿不卖。"又如："咱们说话，谁也不许打价儿，要说真的。"打价的风气，现在已完全消灭，只留下这么一个仅做虚用的语汇。

打糠灯（dǎ kāng dēng）　开小玩笑、扯闲白的意思。例如："我这儿正忙呢，你别跟我打糠灯。"这个语汇是从满族习俗来的，满族没进关前，一般满族老百姓，闲来便用桦木棍粘糠，作为夜晚灯烛用，叫作打糠灯，满族语叫"霞绷"，是闲来没事的一种工作，后来便借为扯闲白的意思。这个语汇在今天北京一般人口中尚在流传着。

打坷㟃儿（dǎ kē bénr）　形容人说话、背书，或对答时话说不流畅。例如："这篇文章，我背得烂熟，今天怎么会打坷㟃儿了。"又如："现编假话，没有不打坷㟃儿的。"

打老鸹了（dǎ lǎo gua le）　见"死"条。

打落（dǎ lào）　旧社会指没有诚意买东西，偏向卖货人问东问西的意思。例如："我们这是营业，请你别打落了。"

打绺儿（dǎ lǚr）　形容衣服破到了丝丝挂挂的程度。

例如:"你这衣裳,破得都打绺儿了,也不知道缝补缝补。"又太阳晒得庄稼的叶子到了卷起来的程度,也可以用打绺儿或"打卷儿"来形容。

打马胡眼(dǎ mǎ hū yǎn) 说了不算,把正事模糊过去了的意思。例如:"咱们办的这件事,可是正事,谁也不许打马胡眼。"又如:"谁应该交多少钱,一定要拿出来,不能打马胡眼。"

打伤耗(dǎ shāng hào) 损耗。例如:"这筐里的烂梨,算是打伤耗了。"旧社会里说一个人到了不能挽救的程度,也叫打伤耗。例如:"这个坏蛋,算是打伤耗了。"

打斜调歪的(dǎ xié diào wāi de) 形容人的行为不正,总不接受教育。例如:"一个人,老是打斜调歪的,前途是很危险的。"

打一巴掌揉三揉(dǎ yì bā zhang róu sān róu) 打完了人又去给人家揉揉。比喻假慈悲,假装好人等。这个打人,多半用于虚指,包括讽刺人、打击人。《骆驼祥子》:"不用打一巴掌揉三揉。"揉三揉也可以说揉一揉。掌念轻声。

打游飞(dǎ yóu fēi) 没目的地乱走乱闯。例如:"大家这儿等他,不知道他哪儿打游飞去了。"《骆驼祥子》里,写作"打油飞":"你在这儿拉包月,总比你出拉散座,打油飞强。"

打悠千儿（dǎ yōu qianr） 揪着绳子或比较柔软的东西，来回荡动。例如："刚栽的小树，小孩子别在上面打悠千儿呀。"千字轻声儿化。北京人一般管打秋千也叫打悠千儿或"打忽忽悠"。

打坠咕噜儿（dǎ zhuì gu lūr） 和"打坐坡"意思相同。北京有句话说："我揪着小辫儿往起提（dī）溜他，他偏打坠咕噜儿。"咕念轻声。

打自得儿（dǎ zì děr） 形容心境舒畅，悠闲的一种表现。例如："他吃完饭，闭着眼睛这么一出神儿，真会打自得儿。"《儿女英雄传》："一个笑着说：你是什么头口，有这么打自得儿的没有！"得字必须念上声（dě），必须儿化。

打嘴现世（dǎ zuǐ xiàn shì） 丢人的意思。讽刺甘居下流，不走正路的人的话。《红楼梦》："没的去打嘴现世。"打嘴现世也可以说"打嘴现眼"。

打坐坡（dǎ zuò pō） 往后退的意思。例如："这个人没法办，越叫他往高处走，他越打坐坡。"语汇的来源，是拉驴上坡，驴往后退的意思。

dà

大侈（dà chi） 花费多了，场面铺张大了的意思。例如："这个招待会，花得太大侈了。"大侈也可说"大发"。

大大咧咧（dà da liē liē） 漫不经心，做事不仔细的样子。例如："做事别这么大大咧咧的，一点儿不负责任。"《骆驼祥子》："别那么大大咧咧地甩手一走。"

大发（dà fa） 过多和过火的意思。例如："这笔钱花得可大发了，不符合节约的精神。"又如："老何今天，酒又喝大发了。"第一例的大发和大侈语意相同。

大海茫茫（dà hǎi máng máng） 形容一个人做事不考虑一切，任着自己意思随便做。例如："这个人做事，什么也不想，老这么大海茫茫的，那能做出什么成绩来呢？"又如："一个人花钱，不能大海茫茫的没个计划。"

大力话（dà li huà） 大话，但程度并不严重。说大话的目的是夸张自己，说大力话有信口开河的意思。例如："你这不是大力话吗，单凭一个人哪能办得了这么大的事？"力字轻声。

大马金刀儿（dà ma jīn daor） 形容小孩子摆出一副大人架子。例如："你看，小虎儿这孩子，大马金刀儿地坐在那里，也能像大人似的讲话。"马刀都是轻声，刀必须儿化。

dài

待见（dài jian） 喜爱的意思。例如："这个孩子真乖，我可待见他。"又如："这块花布，我可待见它这花样。"待见的反面是不待见,另见"不待见"条。

带口之言儿(dài kǒu zhī yánr) 在说话中间,顺便带一句话来说明一件事情。另外一个意思,是从慢慢谈话中间,摸清对方底细。例如:"我的问题,你顺便带口之言儿地跟领导上谈谈。"又如:"带口之言儿地,就把这件事的真相弄明白了。"带口之言儿也可以说"顺口之言儿"。例如:"顺口之言儿地说一声就行了,不必为这点事专专去一趟。"

带手儿(dài shǒur) 顺便带着办一件事。例如:"你洗衣服,带手儿把我的背心洗了。"

带手儿如果不儿化,便成为名词"带手",是擦桌布的别名。例如:"服务员同志,你把那带手拿过来,擦擦桌子。"

dǎng

挡幕儿(dǎng mor) 稍微能起点阻挡作用的东西。例如:"这猪圈没个挡幕儿还行。"又如:"天气不冷,窗户上有点挡幕儿就行了。"

dāo

叨登(dāo deng) 翻出旧东西,翻出旧问题的意思。例如:"你怎么又把这箱子破衣裳叨登出来了。"又如:"这个问题早已解决了,就不必再叨登了。"叨在北京口语里,也可以念阳平dáo。《红楼梦》里,有的写作"叨蹬",有的写作"叨登"。

dáo

捣持货儿(dáo chi huòr) 旧货经过修理,使人看不出是旧货来,叫作捣持货儿。捣持是北京口语,是介于有音无字的口语。有的写作"刀尺",实际怎么写都可以。例如:"这件古玩真不错,看不出是捣持货儿来。"清李虹若《朝市丛载》中一首诗:"唐宋元明件件陈,满墙字画尽名人,由来俱是捣持货,不必深追问假真。"

捣持的另外一个说法,是形容一个人喜欢打扮。例如:"你洗得这么干净的脸,穿得这么新的衣裳,捣持得这么漂亮,有什么喜事呀?"持字念轻声。

dǎo

倒不过脚来(dǎo bú guò jiǎo lái) 人走路或转身,一时倒不过脚来,必然要跌倒,转为因为事先没算计好,或意外的灾害,而受到损失。例如:"我不是强调客观原因,说实在的,这次的损失,就是因为倒不过脚来,调不出去原料。"

旧社会里称等待机会,也说"倒脚",例如:"你甭尽欺侮我,等我倒过脚来,一定好好揍你一顿。"

倒了核桃车(dǎo le hé táo chē) 核桃相碰,嘎嘎

有声,如果装运核桃的车子倾倒了,许多核桃互相碰击,嘎嘎的声音就连续不断。形容滔滔不绝的说话声。《红楼梦》里,薛姨妈说凤姐:"你们只听凤丫头的嘴,倒象倒了核桃车子似的。"

捣杂情(dǎo zá qing)　乱说乱道,没有一句是正经话,或者因为这样乱说而吵起架来。例如:"你们闲着没事,在这儿捣什么杂情。"又如:"别捣杂情了,回头又该吵起来了。"情念轻声。捣杂情也可以说"捣杂唧",唧也念轻声。

dào

倒打一瓦(dào dǎ yì wǎ)　自己做错了事不承认,反倒抢先说这是旁人的错误。《骆驼祥子》:"可都没说你什么呀,你别先倒打一瓦。"倒打一瓦也可以说"倒打一耙",北京话还有"属猪八戒的,倒打一耙"的说法。

倒倒(dào dao)　老年人有和自己年龄不相称的举动,叫"倒倒"。例如:"这个老头儿,这么大年纪,还穿一件粉红色衬衫,怎么这么倒倒啊。"

倒倒脚儿(dào dao jiǎor)　走路脚后跟往里撇,就是一般所谓"外八字脚"。例如:"这个孩子倒倒脚儿,穿什么好鞋也不行。"

道叫(dào jiao)　自己说自己的事,自己表白自己。例如:"对,你道叫道叫,让别人听听。"评书里常有

"某某人，拍着胸脯，直道叫人物字号。"叫念轻声。道叫说快了，叫字便成了唧字，唧也念轻声。

倒流话（dào liu huà） 老年人专爱说青年讲爱情的话，或和自己年龄不相称的话，叫"倒流话"。

dé

得人心（dé rén xīn） 令人满意。例如："冬天怪冷的，得人心的人，不满街泼水，免得冻冰滑人。"反过来，不得人心就是令人不满意。例如："人家在这里吃饭，他净说脏事，真不得人心。"对大自然也可以用得人心或不得人心来形容。例如："今儿天气真得人心，响晴白日的。"反过来，例如："种秋菜的时候，天儿这么不得人心，雨下上没完。"

得人意儿（dé rén yir） 小孩子的说话行动令人高兴。例如："这个小牛子，听他说话，哪点儿哪点儿，都得人意儿。"这个语汇，只能形容孩子。

dě

嘚啵（dě bo） 形容人爱说话（无关紧要的话）。例如："你一天瞎嘚啵，什么活儿也没干出来。"啵本来念轻声，但也可以重读，重读就多半用在形容小孩子学说话上。例如："这个小宝宝，嘚啵嘚啵地说上就没完没了。"嘚在北京口语中，也可以念阴平。

dēn

邓虏沦敦(dēn le lēn dēn) 这是董解元《西厢记》里一个形容词,汉语拼音是按北京话注的。全文见"圆滚沦敦"条。

这个语汇是形容胖人胖得走起路来肉都一哆嗦一哆嗦的样子。例如:"这个胖子,一动弹肉都邓虏沦敦的。"拆开了可以简化成"邓沦"二字。例如:"这胖小子,脸蛋邓沦邓沦的。"这是一个较早的用借用字注口头语的例子。

dēng

灯笼风(dēng long fēng) 形容不稳定,转为形容身体虚弱。例如:"这个人灯笼风似的身子,不必参加游园会了。"笼念轻声,风可以儿化也可以不儿化。

蹬鞋踩袜子(dēng xié cǎi wà zi) 闹小纠纷的意思。例如:"人跟人来往,不能没个蹬鞋踩袜子的事。"

děng

等到来年打八春(děng dào lái nián dǎ bā chūn) 用来讽刺人的动作迟缓、工作拖拉等等。例如:"你这个活儿,还等什么,我看你等到来年打八春也完不了。"

等等儿(děng dengr) 候一候,缓一缓的意思。例如:"你别忙,等等儿我。"又如:"等等儿,容我想想。"还有一个命令停止的意思。例如:"等等!你这车轴坏了。"

dī

滴溜(dī liu) 提着、提起的意思。例如:"滴溜着一条鱼。"又如:"滴溜起水桶来。"明人沈榜写的《宛署杂记》:"提曰滴溜着。"北京话溜字在这里念轻声。

dí

嘀咕(dí gu) 小声说话或随便移动东西。例如:"你们俩嘀咕什么呢?"又如:"你把我铅笔嘀咕哪儿去了?"嘀咕也可以写成"啾咕"。

dǐ

底疤儿(dǐ bar) 疮疤的意思。例如:"你长的这个疮可不小啊,底疤儿都这么大嘛。"还有形容人工作留尾巴,吃饭剩碗底,也可说作底疤儿,意思就是留有遗痕。例如:"你干活儿,怎么老留底疤儿啊。"又如:"吃饭不许留碗底疤儿,吃干净了。"底疤儿有的写作底巴儿。疤字轻声。

dì

地根儿(dì gēnr) 从来的意思。例如:"我地根儿跟他就不认识。"地根儿和压根儿相同。另外，还有"坐地里（zuò dì li）"一个语汇，也和地根儿完全相同。例如："坐地里我就没吃过这东西，怎么知道什么味道。"里也可以念了（le），也是轻声。

递手本（dì shǒu běn）　向人低头服小的意思。这本是从旧时代，小官向大官递职名手本，转化成的口头语汇。例如："接受了帝国主义的所谓援助，就得向帝国主义递手本。"

递嘻和儿（dì xī her）　向人笑脸说话或向人赔罪的意思。例如："他未曾说话，先递嘻和儿。"又如："你们俩又没多大的恶感，吵了这么几句嘴，没什么关系，谁先递个嘻和儿就完了。"

diān

翻毅（diān dui）　心里思量的意思。例如："什么事也要先翻毅好了再做。"翻毅也有写作"掂兑"的。

掂合（diān he）　把东西放在手掌里估计重量。例如："这条鱼，我这么一掂合，怎么也有半斤。"

颠了（diān le）　又说"颠儿了"。见"走了"条。

掂三（diān sān）　算计考虑的意思，"没掂三"是没算计考虑的意思，通常都是连上"没"字或"不"字用。例如："这个人办事真没掂三。"又如："你怎么不掂三掂三，就去干这种见不起人的事呀？"元明曲里掂三多半写作店三，这是口语随便用借用字的惯例。贾仲名写的《萧淑兰》里有："柳下惠开怀没店三。"又王实甫写的《西厢记》里有："不似你惹草拈花没店三。"

颠儿三儿的（diānr sānr de）　形容一个人穿的衣服单薄，或形容一个人走路跳跳窜窜。例如："这么冷天，你穿得这么颠儿三儿的，留神冻着。"又如："这孩子走道儿，老这么颠儿三儿、颠儿三儿的。"

颠儿鸭子了（diānr yā zi le）　见"走了"条。

dián

点补（dián bu）　稍微吃一点东西的意思。例如："吃饭早着哪，我先吃点饼干点补点补。"在这里点字念阳平。

diàn

垫背的（diàn bèi de）　替人代过的人。《骆驼祥子》："我早就想好了主意，不说是你，我找了个垫背的。"

垫垫儿（diàn dianr）　和"点补"相同。

diào

调门子（diào mén zi）　调门子原指音调的高低。旧社会说一个人职位高了，随之生活方式，以至行动说话，都随着摆起架子来，人们便讽刺他"调门子高了"。例如：

"这小子调门子高了，一步登天不认识老乡亲了。"这类的语汇不儿化。

调门子也可以说成调门儿，指声音大小。如嫌人说话声音高，请求他小点儿声儿说话，便说："请您矮点儿调门儿。"反过来，"请您提高点儿调门儿，大点儿声说话，我耳朵不大好使唤。"这类的语汇应该儿化。

吊着拐子刷井（diào zhe guǎi zi shuā jǐng）　拐子指的是髁骨，吊着髁骨，当然是头朝下，头朝下刷井是办不到的事。这是旧社会被人奴役、压迫的人，在气极了的时候，说的愤恨话。例如："你还叫我干什么，还能叫我吊着拐子刷井？"

dīng

丁对（dīng dui）　正好的意思。例如："我这儿正缺料，你送来了，真叫丁对。"又如："你把钱花丁对了，每月就不会闹亏空的。"

钉糟木烂（dīng zāo mù làn）　形容坚持做一件工作的精神。例如："他钉糟木烂地和机器干上了。"干上了在北京口语里，也可以说"膘上了"，膘是从像鱼膘那么粘来的，是名词转动词的一个例子。钉糟木烂也有文言"海枯石烂"的意思，可以形容夫妻关系。例如："我们夫妻就这么钉糟木烂的一辈子下去了。"

dǐng

顶缸儿（dǐng gāngr） 替人受过，替人领罪的意思。《红楼梦》："你竟是个平白无辜的人了，拿你来顶缸儿的。"

顶锅盖（dǐng guō gài） 冬天在冻了冰的河上行走，掉在冰窟窿里，叫"顶锅盖"。例如："走在冰上要留神，别顶了锅盖。"

顶针续麻儿（dǐng zhēn xù már） 顶针续麻儿的原意义，自然是捻麻绳的动作，一绺接一绺地连续捻下去，最后成了麻绳。转为形容几个人连续说话，一个说完另一个接着又说。例如："他们四个人，顶针续麻儿地一个人一句，说得挺有意思。"从这种说话的形式，又转为一种通俗文艺写作形式，就是唱词下句头一个字，必须和上句末一个字相同（或音相同），连续数唱下去，"西河鼓书"里，常用顶针续麻儿的句子，使一段唱书活泼。例如："他们几个人一个人一句，说'一杆红旗，旗开得胜，胜利和平，平安无事，事事如意，意料之中，中华人民共和国万岁……'这是顶针续麻儿的形式啊。"针也可以儿化。

dìng

定针儿定碗儿（dìng zhēnr dìng wǎnr） 向人要准主意。例如："这事得办着瞧，你跟我定针儿定碗儿可不行。"语汇的来源，北京锯碗工匠锯碗时，要用金刚钻儿做针，一针一个锯子，用多少锯子，要听锯碗工匠调度，所以定针儿定碗儿，应当由锯碗工匠表示准主意，太破碎的碗，是没法定针定碗的。

dòng

动不动儿（dòng bú dòngr） 时常的意思。例如："你别动不动儿的就麻烦人。"

dōu

兜搭（dōu da） 旧社会用不正当的行为拉拢人。例如："你可别用吃喝的方法兜搭他，他可是不吃这套的。"兜搭也可以说"勾搭"。

兜翻（dōu fan） 把所有的隐情，都揭穿暴露出来。例如："经过这次斗争，算是把那个坏家伙的老底子，给兜翻出来了。"又如："事情都完了，谁也不许再兜翻这个碴儿了。"

兜着底儿（dōu zhe dǐr） 把所有的事情都摆出来。例如："他从头至尾，兜着底儿这么一说。"也可以形容病痛。例如："他觉着有点儿恶心，就兜着底儿这么一吐。"

dǒu

抖机伶儿（dǒu jī língr） 在人面前特别献殷勤。又一个人临死前的片时清醒，普通话叫"回光返照"，北京话也叫抖机伶儿。例如："你别在大伙跟前抖机伶儿了，谁不明白这事呢。"又如："老爷爷的病不轻，你别看他这时候又明白了，这准是抖机伶儿呢。"

抖露（dǒu lou）　把隐秘的事当众揭发出来。例如："他把所有的事都抖露出来了。"把衣裳的灰尘抖掉，也说抖露。例如："穿完衣裳，总要抖露抖露，才能收起来。"实际第二例的抖露，可以写作抖落。

dòu

逗闷子（dòu mèn zi）　开玩笑，但这只是闲磕牙，半隐语，半明言的小逗趣儿。例如："我这儿正忙呢，你别跟我逗闷子。"

dū

嘟噜（dū lu）　成串的东西。几个个体联系在一串上，也说嘟噜。一个人说话没完没了，又听不出头绪来，也叫嘟噜。例如："这一嘟噜葡萄。"又如："他手里提着一大嘟噜东西。"又如："这个人说话，总是葡萄拌豆腐，一嘟噜一块的。"说话说卷舌音，叫作"打嘟噜儿"。例如："他说外国话真行，嘟儿嘟儿的足这么一打嘟噜儿。"

dú

独害（dú hai）　说一个人喜欢孤独、不喜欢和人接近的意思。例如："你怎么这么独害，一个小孩子你都容不下。"

dù

肚转儿（dù zhuànr）　这是从"杜撰"变化来的口语，意思是自己编造。例如："说一件事得有根据，不能肚转儿。"北京形容肚转儿的歇后语有："吃铁丝屙笊篱，肚子里编。"

duì

对付（duì fu）　有应付、勉强、俩人友好三个意思。例如："这个人太啰唆，你把他对付走了就得了。"又如："这支钢笔太不好使，对付着用算了。"又如："张三跟李四很对付，很说得来。"付念轻声。

对合子利儿（duì hé zi lìr）　旧社会出售商品利润等于本钱的一倍，叫作"对合子利儿"。也叫"对半儿利"。前一句话，多半虚用；后一句话，多半实用，例如："他这个人干点什么都是对合子利儿才干。"又如："告诉你，我卖这鲜货，就是对半儿利。"

对嘴子（duì zuǐ zi）　当面以实物实事说服了对方。例如："这次试验的成功给了他一个对嘴子，他算是口服心服了。"

dūnr

蹲儿摔儿的（dūnr shuāir de） 愤怒时候摔东西发气的意思。例如："他一遇见不顺心的事，就是蹲儿摔儿的，你说怎么好？"元曲里石君宝写的《秋胡戏妻》里有："媳妇儿怎敢敦（蹲）葫芦摔马杓。"又康进之写的《李逵负荆》里有："我敦葫芦摔马杓，踹扁了盛浆铁落。"除了盛浆铁落，北京今天没有这个名词以外，其他语汇、语气，完全和北京现有的语汇相同。

蹲儿猛子（dūnr měng zi） 游泳时头向下扎入水底，叫"扎猛子"，扎入水底不再从这里出水，叫"蹲儿猛子"，转为一个人只露了一面，再不见回来的意思。例如："这个人，真叫人着急，一个蹲儿猛子就没影儿了，等到什么时候才能回来呀。"

duō

跢跢（duō duo） 小孩子刚会走路的意思。例如："这个小宝宝都会跢跢了。"

多会儿（duō huir） 什么时候，怎么会是。例如："我多会儿答应你了？"又如："你的书没有了，多会儿是我拿的？"

多早晚儿（duō zao wǎnr） 有问什么时候和时间过

晚两个意思。例如："你们这回出差，多早晚儿回来？"又如："你看戏，别多早晚回来，没人等门。"问话的多早晚儿，也可以说"多咱（duō zān）"，"咱"是早晚两字的合音。《红楼梦》里，史湘云说宝玉"不长进的毛病儿，多早晚（儿）才改呢？"

duó

掇弄（duó nong） 收拾、修理的意思。例如："这个收音机坏了，你给掇弄掇弄。"干业余活动的意思。例如："你近来净掇弄什么了？"事情难办也可以说"难掇弄"。

duǒ

躲闪儿（duǒ shanr） 躲避的地步。但这种躲避，是留有余地的意思，并不是逃避。例如："屋子太小了，就没个躲闪儿了。"又如："做一件事，要留个躲闪儿，让大伙儿来研究。"

duò

垛字儿（duò zìr） 爷爷的代称。例如："论起来，那个老汉，还是小徐的垛字儿呢。"

E

é

浫痕（é lìn） 浫痕本字读音wò hén，北京口语音é lìn。浫痕就是衣服、书籍上水痕的意思。按女真语水纹说"斡论"，满族语水纹说"沃楞"，北京是金朝、清朝建都所在地，也曾经是女真族、满族人聚居区，这个é lìn读音，也许是借用少数民族的语言。例见"展干净了"条。

ě

恶心了（ě xīn le） 胃里有要呕吐的感觉，叫作恶心。这里是厌烦的意思。例如："你这话说了七百六十遍了，我都听恶心了。"恶不念本读音去声，念口语音上声。

è

恶歹子（è dǎi zi） 很厉害、过于的意思。例如："这个腥味儿，恶歹子熏人。"恶歹子也可以加副词说作"恶刺歹子"。例如："这出戏真长，恶刺歹子没完。"

èn

摁着葫芦抠子儿（èn zhe hú lu kōu zǐr） 形容人对一件事仔细地追问，非弄清楚不可。例如："民间传说本来就是故事，你非摁着葫芦抠子儿，追问到底怎样了，那怎么能行呢！"

ěr

耳报神（ěr bào shén） 传递消息的人。《红楼梦》："这又是谁的耳报神这么快。"

耳乎（ěr hu） 恍惚听见过或理会的意思。例如："你说的这件事，我耳乎听见过。"又如："我说的话，你怎么不耳乎啊。"

èr

二百五（èr bǎi wǔ） 意思是说一个人说话、行动着三不着两，就是一般所说的"半吊子"，上海话说是"十三点儿"。例如："这个人做事（说话）真二百五。"元曲里也有用这类话形容人的，但不是说"二百五"，而是说"九百"，或其他数目，而且这种例子很多，举一个例子，关汉卿写的《鲁斋郎》里："五更天气，你敢风魔九百，引我哪里去？"

二不楞（èr bù lēng） 形容人有点傻气，横冲直撞的意思。例如："这个人不言不语，进门就乐，真有点二不楞。"楞念阴平。

二吊六（èr diào liù）　意思和二百五相同。

二乎（èr hu）　惊疑或疑惑不定的意思。例如："他对这事，可有点儿二乎了。"又如："他一听得花这么多钱，真有点儿二乎。"乎也可以写作忽。二乎还有一个不服气的意思。

例如："你横眉立目的，不二乎是怎么着？"第一例也可以加副词，成为"二刺二乎"。

二楞（èr leng）　诧异，不同意也可说二楞。例如："他一听不能按期完工，当时就是一二楞。"又如："他对这件事，有点儿二楞。"

二楞八荡（èr leng bá dàng）　形容一件事的不圆满。例如："一会儿一个电话，刚坐下又得站起来，我这顿饭吃得二楞八荡的。"又如："这件事办得二楞八荡的，怎么见人。"楞念轻声。二楞八荡也可以说"二五八荡"。

二上（èr shang）　被疑惑的对象。例如："这件事，我可做到二上了。"又如："你可别把我搁在二上，我不是那样人。"上念轻声。

二屋里去了（èr wū le qù le）　错了：放错了地方；记错了事情。例如："我这本书，放在二屋里去了，怎么也找不到了。"又如："原来你是朝阳区的王同志，我记得二屋里去了，以为你是丰台区的张同志呢。"里在口语里念le轻声，不念lǐ。

二屋眼（èr wū yǎn） 意思说一个人办的事不怎么好，或形容一个人不怎么好。例如："你这个人办事真二屋眼。"或："这个事办得可有点二屋眼。"北京人开玩笑时，常说："某某人不在二屋眼之上，也不在二屋眼之下，正在二屋眼上。"语汇的来源不可考。

二五八（èr wǔ bā） 对于某件事知道得不详细，懂得不多的意思。例如："我对这件事，可是有点二五八。"又如："修理无线电的这种事，我二五八地知道一点。"

二性子（èr xìng zi） 半甜半苦的水。北京过去，人工治井方法不够精，大部分井泉不太深，所以有甜水、苦水、二性子三种水的分别。上层统治阶级食用甜水；穷苦老百姓只能食用苦水，他们如果能够得到二性子水，那就很满足了。《龙须沟》："不苦，二性子。"

F

fā

发变（fā bian） 形容人的容貌越长越好看。例如："小李近来发变得更漂亮了。"变念轻声。

发揣（fā chuái） 臃肿肥大的意思。例如："这个人胖得都发揣了。"又如："这棉衣服这么发揣，穿起来多么笨。"揣念阳平。

发赖（fā lài） 撒娇或精神不好，都可以说发赖。例如，对小孩儿说："我这儿正忙呢，你别在我这儿发赖，自个儿玩儿去吧！"又如："这孩子，这两天有点发赖，赶紧到医院看看。"另外还有一个语汇"犯赖"，和发赖相同，只是多用于精神不好方面。

fá

乏骆驼（fá luò tuo） 嘲笑一个人力气不大、劲头不足等的用语。例如："走这么点路，就喘起来了，真是乏骆驼。"乏骆驼通常说作"拉乏骆驼的"。

乏象儿（fá xiàngr） 形容人疲乏或软弱，但多少有点讽刺语气。例如:"看你真是乏象儿,才走了这么点路就累得四鬓汗流的。"又如:"刚一冷,就穿这么厚的衣裳,真是乏象儿。"乏象儿也可以说"乏货""乏人"。又"四鬓汗流"也是一句北京话。四鬓汗流也可以说成"四脖子汗流"。四有满的意思。

fān

翻白眼儿了(fān bái yǎnr le) 见"死"条。

翻翻(fān fan) 揭翻。叨唠甚至有吵起嘴来的情形,也说翻翻。例如:"我的书,你可别乱翻翻。"又如:"这件事刚平和下去,得,又翻翻起来了。"翻翻也可以说"叨翻",叨翻就是"兜翻"。

fàn

犯膘(fàn biāo) 形容过分高兴,做起许多天真动作来。例如:"这说正个的呢,你别在这儿犯膘。"

犯病了(fàn bìng le) 疾病再犯。例如:"二大妈这两天直咳嗽,又犯病了。"又如:"甭理他,嬉皮笑脸地又犯病了。"第二例的病字指毛病,并不是病痛。

犯犟(fàn jiàng) 固执己见,转为事情不顺手。例如:"别人的话,也应该考虑考虑,不能一个人儿犯犟。"又如:"这把锁跟我犯上犟了,怎么也弄松不开它。"还有虚指的一个用法。例如:"看谁犟得过谁去？"和第三例相同的，还有一个语汇"胳膊拧不过大腿去"。

犯傻（fàn shǎ） 装傻样。例如："瞧，老张又犯傻哪。"犯傻也可说"犯上傻来了"。比犯傻更口语一些的是"放傻"。

犯小性儿（fàn xiǎo xìngr） 疑惑别人对自己不好，因而气恼。例如："大家都对你挺好，玩去这件事儿，是忘了告诉你了，谁也不是故意甩你，你干吗犯小性儿。"北京称爱犯小性儿叫作"小性儿白娘的"。例如："他就是小性儿白娘的脾气，别和他一般见识。"

fǎng

纺纺（fǎng fang） 借音访访，打听的意思。例如："我不是自个儿给自个儿吹，你不信买二两棉花纺纺。"

fàng

放话（fàng huà） 命令，吩咐。例如："上级不放话，这些东西是不能随便处理的。"又如："只要你放下话来，这点活儿，一抢就完，算不了什么。"

放着桄儿（fàng zhe guàngr） 放着桄儿，就是放线。旧社会对人有错误，不即时纠正，等到错误大了，再加以制裁，叫作"放着桄儿"。例如："他胡乱八糟的做法，先放着桄儿，到时候，有法子惩治他。"桄儿是绕线的桄子，这是从放线儿形成的语汇。

fēi

飞签火票（fēi qiān huǒ piào） 飞签火票是过去衙门紧急捉人的行动，转为迫不及待的意思。例如："你飞签火票地找我干什么呀。"《儿女英雄传》："你道这姑娘有甚的飞签火票紧要话。"

飞智（fēi zhì） 在困难中，忽然想到了摆脱困难的方法。例如："他走山崖边上，眼看是走投无路，他忽然灵机一动，起了个飞智……"成语有"贼起飞智"。

fèi

废物点心（fèi wù diǎn xin） 嘲笑一个人不能办事。例如："这么点事，你都办糟了，真是废物点心。"《龙须沟》："好歹大伙儿也不再说他是废物点心啦。"这个语汇的构成，是因为废物二字，骂人太重，所以用点心二字冲淡一下。

fēn

分斤掰两（fēn jīn bāi liǎng） 形容过分计较小数目。例如："通共才用了这么点钱，你给我给一个样，不用这么分斤掰两的。"《红楼梦》里，斤写作金："专会打细算盘，分金掰两的。"这个语汇读快了，掰字就近于阳

71

平了。

分碗儿茶（fēn wǎnr chá） 分碗儿茶说的是某个人沏了一壶茶,和另外某个人一同喝过。喝过分碗儿茶有朋友关系,没喝过分碗儿茶没朋友关系。例如:"某个人,我们没交情,连分碗儿茶都没喝过。"

fěn

粉子味儿的（fěn zi wèir de） 形容一个人的话带酸味儿,有对某件事不满意的意思。例如:"得,你们听,小李的话有点粉子味儿了。"粉子指淀粉,淀粉是绿豆做的,有些酸味。

fèn

分出来（fèn chū lai） 对小动物尤其是低级动物的孳生,说分出来。例如:"分出一窝小兔儿来。"又如:"这箱蜜蜂,真分出不少来。"分在北京口语里念去声。

fēng

风火事儿（fēng huǒ shìr） 最紧急的事儿。最初专指孕妇即将生育这件事。例如:"她要生孩子,这可是风火事儿,别慢腾腾的了,快叫汽车去吧。"后来,形容其他最紧急的事都可应用这个语汇。

封上口儿了（fēng shàng kǒur le） 话说得很坚决,使

别人不能再开口的意思。例如："得，他这句话，简直是封上口儿了，别人还说什么。"

封下了（fēng xià le） 预先肯定的意思。例如："谁也不能先封下谁准做不成。"语汇来源，由"皇帝"封官来的。

fǔ

斧打糟儿木（fǔ dǎ zāor mù） 形容一定干下去的精神。例如："做什么事别怕难，斧打糟儿木干下去，没有不成功的。"

fù

父母月儿日子（fù mǔ yuèr rì zi） 旧社会对于成年人由父母供给生活费用，叫作过父母月儿日子。例如："这么大的小伙子，光知道过父母月儿日子，将来怎么是个了手。"这个语汇，有写"父母育儿日子"的，那不是原语汇的含意。

富态（fù tai） 体胖的婉辞。例如："你近来身体可比以前富态了。"富态也可以写"富胎"。《红楼梦》："怪不得他们拿姐姐比杨妃，原也富胎些。"态、胎都念轻声。

G

gá

嘎搭（gá da） 空敲剪刀发出声音。例如："小四儿，没事别嘎搭剪子。"嘎也可以念阴平。

噶个点儿（gá gè diǎnr） 发个誓，起个"关门子誓"。例如："我跟你噶个点儿，我做不成功这件事，永远不见人。"

《儿女英雄传》："不然，……师傅先和你噶下个点儿，师傅这荡来京，叫我出不去那座彰仪门。"附记：彰仪门就是广安门，是旧时代往来北京的孔道。

嘎拉起来了（gá la qǐ lái le） 打起来的意思。例如："咳！他们俩说着说着又嘎拉起来了。"

gǎ

嘎七马八（gǎ qī mǎ bā） 乱七八糟的意思。例如："嘎七马八的东西，摆了一屋子。"又如："一天净是嘎七马八的事儿，没结没完。"又如："你天天嘎七马八地胡吃，早晚是要生病的。"

嘎杂子（gǎ zá zi）　骂人胡闹的意思。例如："这个孩子，真是嘎杂子，一点不听话。"

嘎子（gǎ zi）　旧社会指有智谋而不驯顺的人。例如："这小子真鬼头，可惜是个嘎子。"嘎也形容不驯顺的态度。例如："这人又犯起嘎来了。"嘎子在旧社会不一定是坏人，是能适应那个社会，在那个社会有斗争性的人。嘎字是北京人习用的借音字，正字是乇。

gái

概搂（gái lou）　把应用物件搜罗到本部门或自己那里去。又乱吃也说概搂。例如："什么东西，都概搂他们那里去了。"又如："你可别往嘴里胡概搂。"

gài

盖了盖儿了（gài le gàir le）　形容天气闷热。例如："这天气这么闷热，简直是盖了盖儿了。"

盖其在的（gài qí zài de）　所有的人。例如："今天，盖其在的都别走，咱们还得谈谈。"盖其在的也可以说"盖其位的"，语意是盖其在的人、盖其位的人。

gān

干骨岔气（gān gǔ chā qì）　形容人办事真实，不偷懒，不说谎话，不从中取利。例如："周老二是干骨岔气的人，有什么事交给他，准管保没有错儿。"岔念阴平。

泔水桶（gān shuǐ tǒng）　泔水桶本是盛刷锅洗碗水的容器，用来讽喻食量很大的人，意思与饭桶同。例如："这个人怎么这么能吃呀，真是活活儿一个泔水桶。"

肝儿颤（gānr chàn）　形容一个人在经过较量以后，自知能力不济的心理。例如："这回，我可肝儿颤了。"这个语汇，是近二十年来才有的新语汇。肝儿颤也可以写成"竿儿颤"。

gǎn

赶罗（gǎn luo）　催迫的意思。例如："我还没预备好讲稿呢，你等一等儿，别赶罗我。"赶罗也可以写"赶碌"，读音相同。《龙须沟》："你别赶碌他啦，越赶碌他就越想不起来啦。"

敢情（gǎn qing）　当然或原来的意思。例如："马路这么平，敢情好走。"又如："大伙儿都说社里来了贵客，敢情是你呀。"敢情和"敢自"相同，另见"敢自"条。

赶阵儿（gǎn zhènr）　忙迫，连续不断地忙。例如："你赶阵儿呢，刚看完赛球，又看电影，刚看完电影，又去游泳。"赶阵儿是从妇女产前阵痛转来的语汇，北京人称阵痛就叫赶阵儿。

敢自（gǎn zi）　和"敢情"相同，但更口语化一些。

例如："你能到我们厂子来，那敢自好了。"又疑惑或不信对方的话，也可以说"敢自"。例如：有某甲说蛇肉好吃，某乙不信甚至根本否认，就说："敢自？"后一个例子，敢念重音长音，自念轻声短音。

gàn

干吗（gàn má） 指事情的进一步深度。例如："对下棋，我知道的还不干吗呢。"《龙须沟》："这个人还没坏到干吗的地步。"在口语里，干字可以念成盖（gài）或在（zài）的音，吗不念轻声，念阳平。这和疑问语的干吗，决不相同。这个干吗，也可以说"怎么（zài má）"。

gāng

刚口（gāng kǒu） 指说话有技巧，能动听。《红楼梦》："奶奶好刚口。"口一般儿化。刚也可以写作纲或钢。

gàng

杠荡（gàng dang） 来回撼动或形容一件事久久不得定局。例如："新种的小树，是不能来回杠荡的。"又如："这件事这么来回杠荡，准没有好结果的。"杠荡在口语里，也可以说"撼荡"，撼不念本读音 hàn，念口语音 hàng。

岗尖儿（gàng jiānr） 形容满而又满，好而又好。例如："这碗饭盛得岗尖儿满。"又如："这是一批岗尖儿的大白菜。"如果形容味道好，就用"岗口儿"，例如："吐鲁番的葡萄干，真是岗口儿甜。"岗念去声，读如杠。

杠头（gàng tou） 北京人管两个人说话互相驳难，叫作"抬杠"，管专爱抬杠的人叫"杠头"。例如："你们俩怎么又抬起杠来了。"在这种话里，可以把杠字取消。说成："你们怎么说着说着又抬起来了。"又如："咱们别理大爹，大爹是有名的杠头，谁也抬不过他。"北京传统相声里，有一段"抬杠店"，抬杠店里的角色自称杠头。这是一段互相驳难的相声。

语汇的来源：北京管抬埋死人叫抬杠，抬杠至少要两个人（抬一个死皇帝要一百二十八个人），抬的时候，一起一落，象征两个人对话，因此，有了抬杠、杠头的语汇。北京话形容小辩论，有"八个人儿杠，小抬着"的说法。还有"三个人儿，抬不过一个理字儿去"。

gāo

高嗖（gāo sou） 形容高大和站在高处的风度。例如："这座楼房真高嗖啊。"又如："站在景山上，可真高嗖啊。"嗖也可以写作飕。

gǎo

搞搞（gǎo gao） 论论，论辈分。例如："咱们得搞搞，究竟是谁的不对。"又如："你们搞搞，看谁的辈儿大。"《儿女英雄传》邓九公说："该咱老爷儿们搞一搞咧。"

gào

告假了（gào jià le） 见"死"条，又见"走了"条。

膏油（gào yóu） 车轴上添油，叫作膏油。膏在古代就是油字的意思，当油字讲时，膏念阴平高（gāo）；当添油讲时，念去声告（gào）。膏当动词讲，来源甚古，唐代文人韩愈《送李愿归盘谷序》有"膏其车，秣其马"，意思就是车膏了油，马喂了草。这是单音名词转动词念去声的一个例子。

gē

搁了车了（gē le chē le） 一件事忘记了办，误了时间。例如："怎么好？这么大的事，我给搁了车了。"又如："我记错了时间，没赶上集合，给搁了车了。"搁了车了也可以说"搁车了"或"搁车"。

搁人（gē rén） 使旁人陷入为难的境地。例如："我干什么事，都是心明眼亮，谁也不许往里搁人。""搁人"在北京语汇里的全语是"往里搁人"。

膈应（gē ying） 看见或听见自己所不喜欢的人、事、东西，因而引起一种厌恶感觉。例如："人家在这里吃饭，你偏说肮脏不脏的事，这不是招人膈应吗。"又如："我就膈应旁人说肉麻的话。"膈念阴平，应念轻声。

gé
膈肢人（gé zi rén） 人的腋下北京叫膈肢窝，正是容易发痒的地方，搔人痒处，叫膈肢人，转为一个人说话、行事正针对别人的痛痒处。例如："你别膈肢人，这件事没你也办得了。"肢轻声。膈肢人和北京话里的"拿捏人"相同。

gěr
膈儿了（gěr le） 见"死"条。
膈儿屁了（gěr pì le） 见"死"条。
膈儿屁着凉了（gěr pì zhāo liáng le） 见"死"条。

gè
各个儿（gè gěr） 自己的意思。例如："你不用陪着我，我愿意各个儿溜溜。"个在这里念上声。
各群儿各论儿（gè qúnr gè lùnr） 社会聚居，有了婚姻邻居等关系，就有了辈分的称呼。人多了，年代长了,有时辈分很难划一,就各自论各自的辈分,叫作各群儿各论儿。例如:"论老街坊呢,你是我的老侄子,论亲戚呢,你的爱人是我的表妹,咱们是各群儿各论儿,你还叫我大叔,她还叫我大哥,你们公母俩分着称呼,我看最好。"群儿在口语里,可以念成合音抅字。各群儿各论儿这个语汇,如果简化后就成为"两论着",说两论着时候,这个论字就念成吝(lìn)了。北京社会上有"爷儿们朋友,两论着"的说法。

gěi

给姥姥家送个信儿去(gěi lǎo lao jiā sòng gè xìnr qu)北京管外婆叫姥姥,给姥姥家送信,当然是指报告生养了小娃娃的喜信,转为形容一个人一件工作顺利完成、心情舒畅时的欢呼声。例如:"哟,我这个花儿可绣成了,快给姥姥家送个信儿去吧。"

gēn

跟前(gēn qin) 所生的子女。例如:"这个男孩子,这个女孩子,都是我跟前的。""前"念短轻声,和亲字音相同。

gén

哏里哏气(gén le gén qī) 形容一个人行动有意思、

有风趣。例如："这个孩子哏里哏气，怪有趣儿的。"气在这里念阴平。哏里哏气也可以说作"哏头哏脑"。

gěn

哏（gěn）　可以生吃的蔬菜生长得不成熟，吃起来不松脆，水分不多叫作哏。例如："这个萝卜，有点儿发哏。"北京形容辣味浓厚的蔬菜，有一句话："哏萝卜辣葱独头蒜。"

gèn

哏气（gèn qì）　食品的怪气味。例如："这缸芥菜，还得腌些日子，还有些哏气呢。"哏念去声。

艮怎子（gèn zěn zi）　和"嘎杂子"意思相同，但语意更轻松一些。例如："这孩子真是艮怎子，老那么淘气。"嘎杂子和艮怎子，也可以连用。例如："你真是嘎杂子艮怎子。"参阅"嘎杂子"条。

gōng

公本正传（gōng běn zhèng zhuàn）　形容行为正当，或不说歪话。例如："这个人，办事总是公本正传的可靠。"又如："咱们都公本正传地说话，谁也不许开玩笑。"

gǒng

拱（gǒng） 用头部掀起或顶进的意思。例如："这毛驴用脑袋拱起一大堆草来。"又如："这个小猪拱到泥里去了。"拱字本是从"拱手"借用来的同音字，现在已成通行字，原字做劊，元曲里尚仲贤写的《柳毅传书二》里有："泾河龙淤泥里便劊。"

góu

佝偻（góu lou） 身体某部弯曲着。例如："这位老爷爷，别看他佝偻着腰，精神倒挺好。"又如："你佝偻着胳膊，怎么穿衣裳呀。"又如："这井水都平井口了，我一佝偻腰就能够着水皮儿。"佝字在北京话里念阳平。

gǒu

狗眨巴眼（gǒu zhǎ ba yǎn） 形容时间特短。例如："这小宝宝刚睡着，狗眨巴眼又醒了。"眼可以儿化。狗眨巴眼一般说"狗展眼"，展是眨巴的合音字。

gòu

够句子（gòu jù zi） 办一件事，办得很好；一个场面，安排得很好；够标准。例如："这一个招待会，举动儿真够句子。"够句子也可以说"够意思"。例如："你买这块手表，可真够意思。"

够念儿（gòu niànr）　满足的意思。例如："解放前我的生活，老是摘东补西的，现在才算够念儿。"又如："他敢情够念儿了，咱们活儿还没完哪。"

gū

咕嘟（gū du）　煮东西的声音，借用为煮。例如："你听这锅里，咕嘟咕嘟直响。"又如："这锅白菜还得再咕嘟咕嘟。"

箍节儿（gū jier）　一小段。例如："一根棍子断成了好几箍节儿。"又如："吃饭应该按顿儿，不能一箍节儿一箍节地零吃。"

估摸（gū mo）　估计；约计。例如："我估摸他快回来了。"估摸也可以说"约摸"。

咕攘（gū rang）　蠕动、动弹。例如："天暖了，小虫儿都咕攘了。"又如："大家睡觉要老实点，不许乱咕攘。"

gú

骨头老儿（gú tou lǎor）　一个人很有风趣，时常把正话说反了，反话说正了，开个小玩笑，人便称这种人为"骨头老儿"。称开玩笑为"耍骨头"。例如："老四，没事就悠着玩儿，简直是个骨头老儿。"北京歇后语有"哈拉巴刻寿星，骨头老儿"，哈拉巴是满族语梭子骨。

骨头老儿也可以说"骨头板儿",板儿或者是班儿的转音,意思是会耍骨头的这一班人。骨念阳平。

骨血儿(gú xuèr) 血统。例如:"奶奶疼孙子,骨血儿关着哪。"北京说这个语汇时,骨不念上声,也念阳平。

gǔ

鼓噪(gǔ cāo) 纷纷表示不满意的意思。例如:"事情办到这个份儿上,会鼓噪了。"又如:"办一件事应该好好想想,别让大家鼓了噪。"噪不念zào,念cāo。

鼓捣(gǔ dao) 摸索着修理东西,收拾或摆弄东西的意思。例如:"我对于收音机,没什么研究,瞎鼓捣吧。"又如:"他没事儿,就鼓捣那堆破书。"鼓捣还有吃、花、用等意思。《红楼梦》:"一坛酒,我们都鼓捣光了。"

鼓了(gǔ le) 一件事情要坏,要坏的程度比"夯(hāng)了"还大一些。例如:"这件事情已经是鼓了,如果赶紧平息,还来得及,要是等到'酥了'可就不好收拾了。"另见"酥了"条。

鼓溜溜儿(gǔ liú liur) 形容凸起部分光溜溜的样子。例如:"吃得太饱了,肚子都鼓溜溜儿的了。"溜念阳平。溜溜也可以写作琉琉。

鼓啾(gǔ qiu) 用手摆弄东西或在一个地方收拾东

西。例如:"你鼓啾钟干什么?"又如:"他那点儿破东西,天天得鼓啾一遍。"鼓啾和鼓捣相同,但语气更轻松些。鼓啾也可以说作"鼓揪(gǔ jiu)"。

骨子(gǔ zi) 根本、内容、根基。例如:"这篇文章,骨子里很好。"又如:"这位同志,骨子里很忠诚。"董解元的《西厢记》里有:"俺骨子不曾移动脚。"这个骨字念上声本音。

guā

瓜搭(guā da) 沉下脸来的意思。例如:"他一声不言语,瓜搭着脸坐在那里。"又如:"他一听这话,当时,脸就是一瓜搭。"瓜搭可以写作"瓜耷"。北京有一句形容沉脸的话"驴脸瓜搭"。

刮痧钱(guā shā qián) 过去,用来在忽然发痧时刮痧治病的铜钱。一个人再穷也得留一个钱来准备刮痧救命,刮痧钱意思就是最后一个钱。例如:"我连一个刮痧钱都没有,看什么电影。"刮痧钱也可以说"刮痧的钱"。

guà

挂钱儿似的(guà qiánr shì de) 借用来形容衣服或窗纸等的破旧。过去春节时贴在门楣上的用红纸刻花而成的东西叫挂钱。例如:"看你的衣服也不缝一缝,都挂钱儿似的了。"

guāi

拐打（guāi da） 用手随便敲打着玩。例如:"你又不会打鼓,瞎拐打什么。"拐念阴平,读如乖。

guǎi

拐孤（guǎi gu） 喜好、举动、性情等特殊。例如:"这个人太拐孤,这个不吃那个不吃。"《红楼梦》:"他虽腼腆,却脾气拐孤,不大随和儿。"孤念轻声。"随和"也是北京一个语汇,形容人性格平易近人,和拐孤正相反。随和一般不儿化。

guàng

逛荡（guàng dang） 摇动器皿中的液体。例如:"拿稳了,别把这碗汤逛荡洒了。"又做形容人学问不深,偏爱瞎卖弄。例如:"这个人,一瓶子不满,半瓶子逛荡。"

guī

归置（guī zhi） 收拾的意思,收拾衣服、收拾屋子、收拾行李,北京人都说归置。例如:"新年到了,咱们把屋子归置干净些。"置也可以念成纣（zhou）。

guǐ

鬼扯钻儿（guǐ chě zuànr） 轮流、接替不断地做一件事。例如："你别看这个东西硬,只要鬼扯钻儿地干下去,早晚也能把它剖开。"又如："你这么鬼扯钻儿地花钱,那还不闹亏空。"

鬼吹灯（guǐ chuī dēng） 玩笑式地骗人,故意瞎胡闹。例如："你甭弄鬼吹灯的事,你这点秘密谁都知道。"又如："老计吵嚷离婚离婚的,那不过是鬼吹灯的事儿,谁信他呢。"鬼吹灯常和猫打镲连起来说,都比喻不大有可能发生的事。

鬼摸子眼道的（guǐ mo zi yǎn dào de） 形容人过分的机伶,有点油滑的意思。例如："老升有点鬼摸子眼道的,办事恐怕不牢靠。"摸念轻声。

gǔn

滚刀筋（gǔn dāo jīn） 形容一个人不通人情,好话不懂,坏话不懂,好比刀切肉筋,筋随着刀滚,怎么也切不断的意思。例如："刘二楞,怎么说怎么也不依不饶,真是块滚刀筋。"滚刀筋也可以说"滚刀肉"。

gùn

棍条（gùn tiao） 形容人身材细条,衣服合适的样子。例如："这个小伙子长得真棍条。"条在北京口语里，应念轻声。在口语里，条也可以说吊（diao）。

棍子棒子（gùn zi bàng zi） 形容人办事实在、说话实在，没有虚假。例如："这个人，办起事来，真是棍子棒子的，太可靠了。"又如："我说的是棍子棒子的话，你不用疑惑。"

guǒ

果不其然儿的（guǒ bù qí ránr de） 果然。例如："我说怎么样，果不其然儿的打赢了吧。"说这句话时，然字儿化。然儿（ránr）说快了，便成了言儿（yánr），也是北京的通行口语。

裹抹（guǒ mo） 有意或无意把旁人东西带走；或因为不会算账而占人金钱上便宜的意思。例如："这么会工夫，我的毛巾让他给裹抹走了。"又如："我不跟你搭拼伙，我不会算账，谁裹抹谁的钱都不合适。"

guò

过去了（guò qu le） 见"死"条。

过节过板儿（guò jié guò bǎnr） 指一个人的行动有规律，说话有起落。例如："老周看见人进来，必然站起来打招呼，未从说话，必先称对方的名姓，比他辈长的，必然称呼大伯、大叔，对方说话，他总是静静地听着，从不插话，等人家说完了，他才开口，人家走的时候，他总是热情地说再见,真是一个讲究过节过板儿的人。"又如:"老李真会讲话,有起有落,有过节儿有过板儿。"过节过板如果切开用,节字也要儿化的。

H

hā

哈喇（hā la） 食物有了腐败的气味，一般多指糕点、腊肉等。例如："这块月饼都哈喇了。"

哈人（hā rén） 软语求人的意思。例如："你别这么哈人了，他是不会答应的。"语汇的来源，哈是嘘气使暖，哈人是想使人回心转意，答应请求的意思。哈念阴平。

哈如果念上声，哈人（hǎ rén）便成了训斥人的意思。被训斥叫"挨哈"。

há

蛤蟆吵湾（há ma chǎo wān） 形容声音杂乱。例如："一到了集市上，听吧，蛤蟆吵湾的声音可大了。"蛤念há，蟆念ma轻声。

hà

哈巴（hà ba） 形容人走路一歪一扭的姿态。例如：

"哟,胖子今儿个走道儿怎么哈巴哈巴的了。"哈巴的哈如果念上声,成为hǎ ba,就是指一种叫"哈巴狗"的小狗了。

哈什罕儿(hà shi hǎnr) 意思是很远的地方。例如:"你上哪儿?我上云南哈什罕儿。"语汇的来源,旧时代交通不便,以为云南和新疆的喀什干最远。什念轻声,干读作罕儿化。这个语汇,是北京的歌谣里用的。

撼厮(hà si) 轻微而长久的撼动。例如:"甭管它多么坚固的东西,只要有工夫,早晚慢慢儿也能把它撼厮趴下。"撼不念hàn,而念hà,是北京口语音读。

hái

孩里孩气(hái le hái qī) 形容青年动作天真。说话的人怀着一种喜爱这个青年的心情。例如:"你都这么大了,还是孩里孩气的。"气字念阴平。

孩子话(hái zi huà) 没经验的话,天真的话,叫作孩子话。例如:"你说得这么容易,真是孩子话!"又如《儿女英雄传》:"你这就是孩子话了。"还有"小孩儿嘴里讨实话",是说孩子照实说话,不会动心思。

hǎi

海子城门骆驼象(hǎi zi chéng mén luò tuo xiàng) 这是过去北京人认为最大的几种东西,转为形容人说大话。例如："他海子城门骆驼象地这么一聊，什么大说什么。"（海子是北京旧时代的南苑，是皇帝打猎享乐的地方，面积四百平方公里，相当于十六个北京内城。）

hān

罕达罕达的（hān da hān da de） 形容人或动物走路迟缓而散漫的样子。例如："这个老头儿罕达罕达地走来了。"罕念口语音阴平。罕也可以写作憨。

憨哒郎儿（hān da lángr） 形容人外表浑实，内心朴厚。例如："这个人真有意思，憨哒郎儿似的。"北京人对于外表浑实，内心奸诈的人，有一句开玩笑的语汇："他憨哒郎儿似的？他，憨留在家里，把狼拉出来了。"

涵怜（hān lian） 原谅、海涵、包涵。例如："我是初学乍练，唱得好不好的，请诸位多涵怜。"涵不念本读音阳平，念口语音阴平，怜念轻声。

憨实（hān shi） 北京口语称赞一个东西的粗大结实叫憨实。例如："这根棍子真憨实呀。"单形容一个东西的粗大，可以单说一个"憨"字。例如："你给我找根憨绳子来。"

hán

寒碜（hán chen） 难看、丢人、可耻。例如："评书上的那个程咬金，长得可真寒碜。"又如："做了见不起人的事，那可寒碜。"寒碜通常写作"寒蠢"或"寒伧"。也可以单说一个字"碜"、"伧"或"蠢"，这三个字都念口语轻声chen，单用时念阴平。

寒家物儿（hán jiā wùr）　用一种不很值钱的东西赠送别人时说的客气话，有礼轻仁义重的意思。例如："吃吧，这个枣儿，是自己园儿结的，寒家物儿。"有把寒家说成罕见或寒俭的，不太适合北京话语意。

含忽（hán hu）　对于一件事知道不真切。例如："这件事，我可有点含忽。"又形容一个人说话不把真实的意思表达出来。例如："你怎么说话这么含含忽忽的？"又北京流行口语，形容一个人把事办坏了，或武术家不敢再比试了，也用加重语气的含忽两字。例如："你别吹了，你含忽啦！"

hāng

夯了（hāng le）　一件事情要坏的意思，但比"鼓了"的程度轻一些。例如："这件事情，你别容它夯了，得想法子给平息下去。"

háng

行当儿（háng dāngr）　行业。例如："搞饮食业这个行当儿，可得深入地研究它的特点。"当一般写作档，但仍念阴平当。

hǎo

好不当央儿的（hǎo bù dāng yāngr de） 在顺利的情况下，没想到遇见一件意外不顺利的事。例如："我缝着好不当央儿的鞋，没想到锥梃子折了。"又如："我好不当央儿的，碰见这么一件倒霉的事。""不"可以说作"莫"。

"不当央儿"不好理解，疑是"不当家"的近代口语化。

好赖人儿（hǎo lài rénr） 这种过去指那种有时做好事，有时做坏事，不能说他完全是好人，也不能说他完全是坏人的人。例如，《包公案》里的小诸葛沈仲元，就是好赖人儿的典型人物。按：沈仲元的人物性格，是说书人石玉昆根据北京人物性格塑造出来的。

好人里挑出来的（hǎo rén li tiāo chū lái de） 坏人的意思。例如："他是好人？他是好人里挑出来的。"

hēr

嘿儿乎（hēr hu） 等待机会，获取所想要的东西。例如："这个猫嘿儿乎上这个蝴蝶了。"又如："他怎么也不走，是嘿儿乎上我这张电影票了。"嘿也可以念去声儿化。

hēi

黑不溜啾（hēi bù liū qiū） 形容颜色的黑。例如："这个孩子，脸都晒得黑不溜啾的了。"北京话对于颜色，对于滋味，都有各自不同的副词或形容词，来加重它们的分量，使之生动活泼。这就是口语和文字不同的地方。现在附录一部分在这条后面，不另出条，不附例句。

属于颜色的：

白不沏咧（bái bù cī liē）

黄不唧撩（huáng bù jī liāo）

灰不剌唧（huī bù lā jī）

青剌嘎唧（qīng lā gā jī）

紫剌毫青（zǐ lā háo qīng）

红哧哧的（hóng chī chī de）

蓝瓦瓦的（lán wā wā de）瓦念阴平。瓦瓦也可以说汪汪。

粉不剌唧（fěn bù lā jī）不也可以写夏。

绿个阴阴儿（lù ge yīng yīngr）阴不念yīn，念yīng，儿化。

属于滋味的：

甜不梭的（tián bù suō de）

酸不剌唧（suān bù lā jī）

苦剌嘎唧（kǔ lā gā jī）

辣泚忽咧（là cī hū liē）或说辣蒿蒿的（là hāo hāo

de）。

咸剌嘎唧（xián lā gā jī）

淡不沏咧（dàn bù cī liē）

热沏忽剌（rè cī hū lā）或说热咕咚的（rè gū dōng de）。

凉剌呱唧（liáng lā guā jī）

腻剌咕zhuāi（nì lā gū zhuāi）这是由于肥肉或油多引起的感觉，和另条"腻zhuai"不同。

香喷儿喷儿的（xiāng pēnr pēnr de）两个喷字都儿化。

臭剌嘎唧（chòu lā gā jī）

馊咕nāi的（sōu gū nāi de）

黑骨隆咚（hēi gu lōng dōng）　形容没有亮光，黑得厉害。例如："这么黑骨隆咚的地方，叫人怎么走呀！"又如："别的房子都挺亮，就是西边那间房子，黑骨隆咚的。"明人沈榜写的《宛署杂记》："不明亮曰黑古董。"

黑家白日（hēi jia bái rì）　终日，整天的意思。例如："他黑家白日地和拉提琴干上了。"《红楼梦》："也没个黑家白日闹的。"家轻声，读音和接（jie）相近。

黑觑觑儿（hēi qū qur）　天还不太亮。例如："天还黑觑觑儿的，我就起来了。"

天亮前有一阵黑暗，北京叫作"黑锅底"，写到文章上，就是黎明，黎是黑的意思。

hén

含着热茄子（hén zhe rè qié zi） 形容人说话吐音不清楚。例如："你说什么呢？嘴里含着热茄子似的，谁听得清楚。"含不念本读音hán，念口语音hén。

héng

横不楞子（héng bù lēng zi） 形容东西放得不合位置甚或挡了路。例如："横不楞子扔了这么一院子的东西。"又如："横不楞子挡住道儿搁一条板凳干什么？"楞念阴平，在加重语气的时候，可以念lāng。

横打鼻梁儿（héng dǎ bí liángr） 表示承当，表示负责的姿态。例如："老任横打鼻梁儿，对大伙儿说：这事你们甭管了，我担起来了。"

横起来（héng qǐ lai） 担负起责任来。例如："这件事，诸位伙伴都甭嚷嚷了，我横起来了。"又如："他是有担待的人，朋友们有个小小不言的事儿，他就给横起来。"

横是（héng shi） 一定是。例如："你甭狡辩了，横是你说过这话。"又如："你横是吃了饭了，要不然就聊上没完了。"横是有时候说"横么是"，横疑是"合摸"的合音。

横竖（héng shù） 反正，无论如何。例如："你无论怎么说，这场电影横竖我是不去的。"《红楼梦》："横竖我不出门，不过打几根辫子就完了。"

横竖劲儿（héng shù jìnr） 说一个人有志气，不屈不挠。例如："一个人要有横竖劲儿，才能办得了大事。"又如："这点小事算什么，谁没个横竖劲儿。"

横儿甑儿的（héngr zèngr de） 对年纪大的人，出言不逊，态度蛮横。例如："这个人说话，怎么对他二大伯这么横儿甑儿的，一点不懂规矩。"甑儿，参看"巴巴甑儿"条。

横着（héng zhe） 说一个人说话和旁人相反，语气不逊顺谦虚。例如："这些人说话都有礼貌、有道理，你怎么总是横着。"北京有一个形容横着的新歇后语"九点一刻，横着。"这是因为九点一刻的时候，钟表的大小针，正好成一条横线。

hóur

猴儿扒梯（hóur bā tī） 形容小孩子淘气，不安静。例如："这孩子，猴儿扒梯地手脚不什闲儿。"又如："小孩子猴儿扒梯的是个意思，你这么大小子，怎么也没个老实劲儿啊。"猴字也可以不儿化，猴字后加副词刺（la）。

猴儿顶灯（hóur dǐng dēng） 形容东西放得不牢稳。例如："这么大的水壶，放在这么小的炉子上，这不是猴儿顶灯吗？"凡是小的东西上面放大的东西，北京人都管它叫猴儿顶灯,表示不牢稳。

hòu

厚实(hòu shi) 形容东西不薄或形容人诚实。例如:"冬天真冷的时候,再穿厚实的衣裳。"又如:"这个人厚实,可以多依靠他。"

hú

胡吃海塞(hú chī hǎi sāi) 责备旁人乱吃东西。例如:"这孩子胡吃海塞,早晚必得肠胃病。"

胡打海摔(hú da hǎi shuāi) 说一个人,尤其是指孩子,惯经磕碰,不娇贵的意思。《红楼梦》:"比不得咱们家的孩子,胡打海摔的惯了的。"打念轻声。参看"抢得出来了"条。

胡剌巴梯(hú lā bā tī) 形容糊涂和不知道事情的原因。例如:"好糟糕,胡剌巴梯的我的暖水壶就没有了。"元人马致远散曲《秋兴》里,有:"葫芦提一恁装呆。""葫芦提"在元曲里很多,语意和胡剌巴梯相同。"葫芦提一恁装呆"翻成现在北京话,就是"胡剌巴梯的这么一装傻"或"胡剌巴梯的这么一犯傻"。

拂落(hú lu) 掸去;拂掉。例如:"把桌上尘土拂落拂落。"拂落本字读音(fú luò),说北京口语时,就念胡路(hú lu)了。

胡抡（hú lūn） 胡搞，乱来。例如："什么事可得考虑好了，胡抡可不行。"

胡涂蛮缠骚搅（hú tú mán chán sāo jiǎo） 胡捣乱的意思。例如："我正忙呢，你别在我这里胡涂蛮缠骚搅。"又有没理找理的意思。例如："你不用胡涂蛮缠骚搅，理儿在那儿摆着呢，有理的为强。"

胡支（hú zhī） 支吾，乱指点。例如："你可说真个的，别胡支我。"元曲里关汉卿写的《窦娥冤》里有："不是我讼庭上胡支。"

胡诌（hú zōu） 信口编词，并没任何根据的意思。例如："说话要有根据，不能胡诌。"明人沈榜写的《宛署杂记》："语不佳曰胡嘟"，这里诌写作嘟。《红楼梦》第八十回回目有"王道士胡诌妒妇方"。

hǔ

虎势（hǔ shi） 称赞人长得雄壮。例如："这个孩子，肥头大耳的，多么虎势。"又如："看咱们的运动员，一个个的，都多么虎势。""虎事"是旧社会吓唬人的意思。例如："那时候的警察，没有一个不虎事的。"这个虎事也可以说作"虎人"，实际就是吓唬人的唬字。

hù

糊弄（hù nong） 敷衍或欺骗的意思。例如："咱们说真的,你可别糊弄我。"糊念去声。另外,一个瓜果,因为过分成熟,近于皮软程度,也说hù nong,本字疑为"冱弄",与糊弄音读完全相同。例如:"这黄瓜都冱弄了,怎么吃呢。"

huā

花狸狐哨儿(huā li hǔ shàor) 颜色鲜艳繁多的意思。例如:"公园里的鲜花,真是花狸狐哨的,什么颜色都有。"又如:"小邓打扮得花狸狐哨的。"狸念轻声,狐念上声,哨儿化。

花马掉嘴(huā ma diào zuǐ) 花言巧语的意思。《红楼梦》:"你不用和我花马掉嘴的。"马念短轻声,嘴可以儿化。

花稍(huā shao) 颜色鲜艳。例如:"这件衣裳,可真花稍,什么料子的?"旧社会说一个人鬼门道多,也叫花稍,例如:"这个小子可太花稍了,年轻人别跟他近乎。"

花说柳说(huā shuō liǔ shuō) 花言巧语。用好听的话哄人。例如:"他花说柳说的,到底把我的新钢笔换去了。"又如:"他怎么也不去看戏,架不住我花说柳说的,到底把他说去了。"

huǎ

话撇（huǎ pie） 轻微的讽刺、讥笑。例如："有话你正面说，你这么话撇我，我可受不了。"话字不念去声，念上声（huǎ），撇念短轻声。

huài

坏嘎嘎儿（huài gá gar） 形容一个人坏，但坏的程度不怎么十分严重，这只是轻微的玩笑话。例如："你变着方儿淘气，真是个坏嘎嘎儿。"

huān

欢势（huān shi） 活泼，高兴。例如："学校里的孩子们，一个个都那么欢势。"又如："瞧，小邓儿这几天透着欢势。"北京有一句形容喜悦的场面的话，是"明灯、旺火、欢势人"。

huàn

换不下季来（huàn bú xià jì lai） 旧社会的穷苦人在应该换穿单衣的时候没有衣服换，叫"换不下季来"。例如："唉！都快五月节了，我还穿着棉袄呢，换不下季来怎么办。"比这个语汇更沉痛的，是"倒不下毛来"或"扒不下皮来"。（换季指清代官吏按季节换服装。这个民间"换不下季来"的语汇，多半指棉夹衣换单衣，不指单衣换夹棉衣。）

换噔得（huàn deng de） 用正当的感情把一个素来和自己感情不好的人，感动过来的意思。例如："老王近来被我换噔得也跟我说话了。"也指用自己的行动影响别人。例如："他平常日子对人好，换噔得大家对他也不错。"噔、得两个字，全是轻声。

huáng

黄了（huáng le） 取消了、失败了的意思。例如："咱们一定去看这场电影，谁也不许黄了。"又如："挺好的一件事，没想到黄了。"《红楼梦》："又怕闹黄了宝蟾之事。"黄了当是从谎了来的语汇。

huàng

晃荡（huàng dang） 摇动。例如："别晃荡了，让人看着都头晕了。"晃荡和逛荡差不多，但是和逛荡仍有区别，另见"逛荡"条。

晃晃儿（huàng huangr） 有时候的意思。例如："这儿，他晃晃儿来，晃晃儿不来，你别在这里死等他。"

huī

灰不溜丢的（huī bù liū diū de） 臊不搭的。不溜丢和"不剌""不搭"相同。例如："他自己知道是讨了个没趣，灰不溜丢地就走开了。"溜丢是一个含贬义的词，《西游记》里有："破烂溜丢一口钟。"

huí

回不过脖儿来（huí bú guò bór lai）　当面受了很尖锐的责备，觉得转不过面子来，北京话叫作"回不过脖儿来"。例如："他说什么我都承认，只有这么挖鼻子扪眼的数落我，真让我回不过脖儿来。"又指一件事没有转圜的余地。例如："你也不容我考虑考虑，当着人面一说，应也不好，不应也不好，这不是让人回不过脖儿来吗！"

回克了（huí ke le）　见"死"条。
回去了（huí qu le）　见"死"条。

huǐ

会子（huǐ zi）　一段不太长不太短的时间。例如："你什么时候来的？我来了会子了。"又如："听了会子报告，有什么心得没有？"如果说"会儿（huǐr）"，就是指很短的时间。例如："这么会儿工夫，就找不到他了。"这个会字在口语里念上声。

hún

浑的鲁儿（hún de lūr）　形容小孩子长得浑厚可爱。例如："这个孩子，浑的鲁儿的，多么可爱。"鲁念

105

阴平。

浑实（hún shī） 儿童天真的态度。例如："这个孩子小老虎儿似的真浑实。"浑实也可以说"浑浑实实"。

hùn

混吣（hùn qìn） 责备人说下流话。例如："怎么说这样下流话，混吣！"又如："现在哪有像你这样混吣的。"《儿女英雄传》："你两个满口吣的是些甚么？"另外还有"混吣浇毛"一个语汇。例如："怎么这么胡说八道，混吣浇毛。"语汇的来源，狗吃了东西往出吐叫作"吣"。

混推（hùn tuī） 有了错误，互相推卸责任的意思。例如："是谁摔的碗吧，谁摔的谁说，咱甭混推。"北京有"瞎屎蛞螂混推"的说法。蛞螂念口语音 gé làng，不念本读音 qiāng láng。

huō

豁鼻子（huō bí zi） 揭穿某件事的内容和秘密，使这件事不能成功。例如："我变戏法，你可别给豁鼻子。"

豁出去（huō chū qù） 舍得，拼命，肯于牺牲。例如："这人真豁得出去，腿上划了个大口子，一点儿没哼哼。"《骆驼祥子》："你倒豁出去了。"北京有一个歇后语："上坟的羊，豁出去了。"

豁洛（huō luo） 衣服的贴边。这是借用满族语，现在已成了普通北京话了。例如："我这个小褂，豁洛要宽一些。"又如："一件衣裳，豁洛缝仔密了，又好看又结实。"豁洛也可写成"霍洛"。

huó

活宝（huó bǎo） 对爱说笑话、爱出洋相的人的调笑称谓。例如："这家伙真是活宝，天天出洋相。"这是个已将消灭的老语汇，现在又在青年中流行起来，变成了新语汇。

活分（huó fen） 松软不坚实。又形容人能随机应变。例如："这个榫子这么活分，那怎么结实呀。"又如："这孩子真活分，有找他父亲的，他总问清来人的姓名住址。"这个活分，也可以说"活便"。

活局子（huó jú zi） 两人定下圈套，对付一个人。例如："他们定好了活局子，一个说好，一个说歹，说了半天，才把老何说动了。"活局子也可以说成"摔活跤"，"活跤"是攒跤里的假比方，并不真使力，"春典"的说法叫"里腥"。

huǒ

火势（huǒ shi） 这是从火炽转成口语的语汇。形容一种场合的气势旺盛。例如："这个晚会开得真火势。"

又如:"国庆节的纪念大典,咱们总得要火火势势地活动一下。"

火性(huǒ xìng) 志气。例如:"一个人要有火性,才能办得了大事。"反过来说,一个人没有志气,也可以说没有火性。例如:"你这样没有火性,怎么好啊。"

J

jī

唧喳（jī chɑ） 小声说话；说私话。例如："他们两个人唧喳什么呢？"北京口语，通常把唧喳两个字叠用，念作（qī qī chā chā）。例如："大家正在学习，谁也不许唧唧喳喳。"

鸡吵鹅斗（jī chǎo é dòu） 乱吵吵，为了些不值什么的小事争吵。例如："没什么要紧的事，一天到晚鸡吵鹅斗的干什么？"这个语汇，《红楼梦》写作"鸡生鹅斗"："从今咱们两个人撂开手，省的（得）鸡生鹅斗。"《骆驼祥子》里写作"饥吵饿斗"。

咭噔嘎噔（jī dēng gā dēng） 重物撞击的响亮声音，转为形容人的豪爽气概。例如，北京口语里，常说"某某人是扎一锥子冒紫血，咭噔嘎噔好朋友"。

挤剌工夫儿（jī lɑ gōng fur） 有时；不经常。例如："我近来太忙了，挤剌工夫儿听一场曲艺。"又如："我挤剌工夫儿，看看我姐姐去。"挤念阴平，剌念短轻声，仿佛吞入挤字似的。

机伶（jī ling） 夸赞幼年人的聪明、能干、伶俐。例如："这个孩子真机伶！"也可以在机伶两字以后，加上"鬼儿"，更觉生动。例如："这个孩子，小机伶鬼儿！"北京还有因为这个语汇，产生的一个儿歌，是："机伶鬼儿，透亮碑儿，小金豆子不吃亏儿。"伶念轻声。机伶还有一个意思，形容受惊时的表情。例如："他看了这个情形，当时就吓了一机伶。"

基址儿（jī zhir） 原指建筑物的遗址，后来转为一切东西的遗迹。例如："我小时玩的地方，一点基址儿也找不着了。"又如："他走了好几年了，屋子里还看得出他基址儿来。"基址儿通常写作迹址儿。

jí

急赤白脸（jí chi bái liǎn） 形容发急的样子。例如："我才说了一句玩笑话，你就这么急赤白脸的，真不好跟你说话。"赤念轻声。

jǐr

几儿（jǐr） 几时的意思。例如："你几儿打的针？"这是口语比普通话简化的一个例子。

jiā

家当儿（jiā dangr） 财富的意思。例如："人民公社的家当儿可大了。"当念轻声儿化。

家过儿老（jiā guòr lǎo）　一个女子终身不结婚，一个人没见过世面，都叫家过儿老。例如："这么大年岁还不结婚，真打算养活家过儿老吗？"又如："这孩子，真养成家过儿老了，什么事都不懂。"

家伙山（jiā huǒ shān）　喜欢给人出坏主意，使人犯错误的人。例如："那个人是家伙山，动不动给人一把家伙，可得留神他。"

jiá

夹生（jiá sheng）　原意是米没煮熟，外表像米饭，实在内心还是生硬，转为人的感情由真实变成了虚假。例如："朋友本来应该越交越厚，你们俩人怎么越交越夹生了。"夹念阳平，生字在口语里也可以念成成（cheng）的短轻声。

jiǎ

假鼻儿手（jiǎ bír shǒu）　鼻儿是古代一种吹奏乐器的俗名，现在叫作唢呐（唢呐本回族乐器，原音苏尔奈，转音唢嗦，再转为唢呐），吹唢呐俗话叫"吹鼻儿"，吹唢呐的人叫"鼻儿手"。不会吹装会吹，叫"假鼻儿手"，转为对不懂装懂人的讽刺，但这种讽刺只到开玩笑的程度。例如："你又不懂照相，拿着照相机装什么假鼻儿手。"

北京有一个歇后语:"胳肢窝挟蜡扦儿,假鼻儿手。"这是因为敬佛用的蜡扦儿的样子,很像唢呐的缘故。

假充熟和(jiǎ chōng shóu he)　旧社会有一种人,对人不认识装认识,借以套交情,套近乎,叫假充熟和。例如:"那个人,不说话先乐,没话找话,假充熟和,可得多留神他。"北京四五十年前,有一种玩具是用煮熟的鸡蛋在上面画花样或京剧脸谱做成的,叫作"花鸡蛋",儿童玩够了,或者摔破了,仍然可以吃这个熟鸡蛋,生鸡蛋因为怕摔是不能做花鸡蛋的,因此,北京有一句歇后语:"生鸡蛋画花儿,假充熟和。"花鸡蛋古代叫"画卵",又叫"雕卵",见《荆楚岁时记》。

假花脖子(jiǎ huā bó zi)　旧社会有一种"外场人",人称为"花脖子",装外场人叫"假花脖子"。"假花脖子"转为形容冒充内行。例如:"你别假花脖子了,这是人造棉,不是丝绸。"构成这个例子时,"你别"和"假花脖子"之间,不必加介词。

"花脖子"语汇来源不详。或者就是古代所说的"雕题""文身"。旧时北京充光棍的汉子和小市民,有的身上是刺扎花纹的。

假撇清(jiǎ piē qīng)　假装清白的话。《红楼梦》:"这会子又假撇清,何苦呢。"现在北京口语里,只说"撇清",不说假字,因为撇清就有假的含义在里面了。

假招子(jiǎ zhāo zi)　故意作态。例如:"吃饭说吃饭了，没吃饭说没吃饭，咱们别来假招子，快说。"和假招子相同的语汇，还有"假不指着""假门假事""装着玩""装孙子""装羊"，分别交谊程度，配合用上边那个例子全行，不另出条，不另举例。

jià

架弄（jià nong） 在旧社会里，一个人没兴趣做的事，经过大伙儿吹捧，使这个人不得不做，叫作架弄，意思是大家把这个人架起来玩弄他。又叫"架弄事"，又叫"捧场架弄事"。例如："这个人，到底叫大伙儿给架弄上去了。"还有一个意思是，一个人本身没有这么大本事，依靠旁人吹嘘，才获得相当的声誉，说这个语汇时，大都是获得声誉的人的谦虚话。例如："诸位别听他的，他是捧场架弄事呢。"

jiān

肩膀儿宽（jiān bǎngr kuān） 形容能担待责任。例如："张大哥肩膀儿宽，多担待一些吧。"

奸馋（jiān chan） 旧社会有一部分有钱人家的小孩子，喜欢吃肉，人便称他奸馋。例如："这个孩子太奸馋，顿顿饭要吃肉。"又如："这么点儿孩子，挑吃挑喝，太奸馋。"馋念轻声。

jiàn

溅(jiàn)　见"窝和"条。

jiāng

浆皮裹肉儿(jiāng pí guǒ ròur)　只有这么多的材料（钱），只能做成这么多东西（事）的意思。例如："我就有浆皮裹肉儿的这么点儿钱，你瞧着给我办这通儿事吧。"又如："我说叫你多买半尺布，你不听，你看做这么一件浆皮裹肉儿的衣裳，多么难看。"

jiǎng

讲究儿(jiǎng jiur)　道理、挑场。例如："你用凉水洗澡，这是什么讲究儿？"又如："这个人民大会堂，真有个讲究儿。"如果这个语汇用加重语气，究便念阴平不儿化。

jiāo

交派(jiāo pai)　分派和安排的意思。例如："有什么活儿，听组长交派好了。"又如："你要下乡劳动，得把手下的工作交派一个人。"

jiáo

浇裹(jiáo guo)　办一件事的总费用。例如："办这场晚会,得浇裹二百块钱。"浇念阳平。裹不儿化。

嚼谷儿(jiáo gur) 日常生活费用。例如:"现在的收入,可够嚼谷儿了。"又如:"一个人的工资,不能乱花,这是一个月的嚼谷儿呢。"谷儿化。

矫情(jiáo qing) 不通情理,强词夺理。例如:"你怎么矫情也不行,事儿在这儿摆着呢。"矫念阳平。矫情也可以写"嚼清",有分辩道理的意思。《龙须沟》:"得啦,先不用嚼清啦。"矫情和嚼清,口语音读相同。

嚼说(jiáo shuo) 没理找理,说上没完。例如:"你别嚼说了,大家都听明白了。"嚼说也叫"嚼舌""嚼舌根",编派旁人的意思。例如:"你别瞎嚼舌根了,人家行事都是正派的。"

jiǎo

脚步儿(jiǎo bùr) 原意是说走路的步子。借用作前人走过的道路。例如:"你要跟着老革命的脚步儿走呀!"也可以说作"脚踪儿"。

脚打地(jiǎo dǎ dì) 步行的意思。例如:"他脚打地走了一百多里路。"北京还有一个形容步行的语汇,是"给鞋底子磕头"。例如:"何老汉,给鞋底子磕了一辈子头。"

搅局(jiǎo jú) 轻微捣乱的意思。例如:"小吴,我们谈问题了,你可别搅局。"这是从过去搅乱赌局遗留下来的一个语汇。

jiào

叫岔碰儿（jiào chá bengr） 挑衅，势将动武的意思。例如："怎么着？你跟我叫岔碰儿吗？"碰在口语里，大部分说作蹦（beng），都是轻声。

叫了王承恩了（jiào le wáng chéng ēn le） 意思是到了极困难时候，才想起求救来。例如："平常日子你也不着急，到这时候，你才想起叫王承恩来。"还有一个事情糟糕的意思。例如："这件事，可真叫了王承恩了。"语汇的来源，明朝末代皇帝朱由检（崇祯），在农民起义军领袖李闯王进京前夕，四出求救，没有一个应声的，只有太监王承恩在他旁边，他没办法，只有叫着王承恩，跟着他在煤山（景山）上吊自杀了。因此，北京流传下来这么一个独有的语汇。

jiē

喈巴（jiē ba） 形容口吃。喈巴在一般文艺作品和演义小说里，都借用作结巴。"喈巴颏子"是说口吃的人。例如："你不是喈巴颏子呀，今天怎么也喈喈巴巴起来了。""喈巴颏（kē）子"是指素有口吃毛病的人，也是一个语汇。颏念阴平。

jīn

筋道(jīn dao) 说面食不糟,吃到嘴里有筋劲儿。例如:"这个荞面酪酪真筋道。"另见"筋劲儿"条。

金刀各用儿(jīn dāo gé yòngr) 量材使用的意思。例如:"这块布料,看看做什么合适,金刀各用儿不要浪费了。"各念阳平,不念去声。

筋骨儿(jīn gur) 精神、力气。例如:"累得我浑身一点筋骨儿都没有了。"另外"囊劲儿"和筋骨儿相同。还有一个经得住考验的意思。例如:"这么大风险,没有点筋骨儿的人,谁也得垮了。"

筋劲儿(jīn jìnr) 有劲头儿、有力量,正赶上时机。例如:"你说这话有筋劲儿,他听了直发愣嘛。"又如:"正赶上子弹快打完了这个筋劲儿上,我们的援军到了。"筋劲儿和"节骨眼儿"相同。

筋疼(jīn téng) 筋疼是自己的病痛,转为自己的事。例如:"我的筋疼,我知道。"《红楼梦》:"便是听了,管谁筋疼,各人干各人的就完了。"

筋头马脑儿(jīn tou mǎ nǎor) 原指带筋的、不好切、不好嚼的碎肉,转为形容一切不成材的东西。例如:"我要的是好绳子,你给弄这么些筋头马脑儿的绳子头儿,我怎么用?"

jǐn

紧称（jǐn chen） 东西小而正合用。例如："天气冷了，穿件紧称衣裳暖和。"又如："屋子小点儿紧称。"口语里，称念chen，不念cheng，所以有的就把紧称写作"紧衬"。演义小说里，常用"紧称利落"形容人的装束。

紧自（jǐn zi） 次数过多的行事。例如："你这个病，应该多休养，不能紧自吃药。"紧自也可以写成"尽自"，读音相同。

jīng

经过磕碰儿（jīng guò kē pengr） 说一个人经过艰苦的锻炼，在人生经历中，吃过苦头。例如："这个人是经过磕碰儿的，不怕工作困难。"反过来，说一个没经过世面的人，就说没经过磕碰儿。例如："这个青年，是没经过什么磕碰儿的，大家得多帮助他。"

精气神儿（jīng qì shénr） 形容人的精神焕发，做事有干劲儿。例如："就凭你这个精气神儿，干下去准保成功。"又可作辛勤的劳动讲。例如："搞成这件工作，是大家的精气神儿换来的。"和这个语汇相同，说起来更显生动的一个语汇，是"精气命脉神儿"。例如："没有这点精气命脉神儿，还能活下去。"俞正燮《癸巳存稿》三："京城人勤勉出力曰精其神。"

精瘦（jīng shòu） 形容人特别瘦或衣服窄小。例如："精瘦精瘦的一个白胡子老头儿。"又如："这么精瘦的衣裳，怎么穿呀。"

jìng

净便（jìng bian） 身体干净利落、环境清净，都可以说净便。例如："一看这个人的身体这样净便，就知道是生活有规律的人。"又如："这里挺净便，咱们可以好好谈谈那个问题。"元明曲里净便作净辨，无名氏写的《冻苏秦》里有："倒也净辨。"

jiù

就搭（jiù da） 凑合，迁就人。例如："我本不想今天洗澡，我这是就搭你，多洗一回。"又如："就搭坐你们这个车，我省得走路了。"

就合（jiù he） 缩紧或移就旁人的意思。例如："这种筋骨病，得赶紧治，可千万别让它就合了。"又如："他就合到老李那里学习去了。"合字还可以念huo，也是轻声。

jū

拘溜儿（jū liur） 弯儿、弯曲、缩合。例如："这根绳子打拘溜儿了。"又如："好冷天，把我手都冻拘溜儿了。"

jú

局（jú） 约束的意思。但这不是强制约束，而是用礼貌把对方约束得不再发脾气，犯错误。《龙须沟》里，赵老头说："你得动软的，拿感情拢他，我再用面子局他。"

局气（jú qi） 公正，尤其指在分配物品时候态度公正。例如："这筐柿子，让老张来分吧，老张局气。"又如："我不敢和你共事，你向来不局气嘛！"

jǔ

举不起（jǔ bù qǐ） 财力办不到的意思。例如："给人帮忙是好事，小小不言的还可以，多了我是举不起的。"《儿女英雄传》："多了，师傅也举不起。"

juē

撅人（juē rén） 故意使人还不出话来，当场下不来台。例如："你当着那么多人，让我还不出话来，你这是成心撅人。"口气轻一点，就用"撅朋友"。《骆驼祥子》里，撅写作蹶，用法相同。

K

kāi

开花（kāi huā） 一件事情到了变坏的程度。例如："这么件小事，不早早给撕罗清楚了，到底弄得开了花。"另外，开花也可以作骂人说下流话讲。例如："咱们说话，谁也不许开花。"

开化（kāi huà） 茎根植物没长成或年轻人思想不开展，都可以说不开化，反之，就是开化。例如："这个芥菜头还没长开化呢，腌成了也不好吃。"又如："他年纪太小，还没开化呢，慢慢就想通这个道理了。"

开了（kāi le） 吃了。"我把那一大盘饺子全开了。"又如："你还没吃呢，我都开完了。"开了还有打破头的意思。例如："你的脑袋怎么缠上绷带了，叫谁给开了？"前一个意思，是新语汇，后一个意思，是老语汇。

开唪（kāi pǎng） 见过别人没见过的事物，就到处乱夸，旁人就说他开唪。例如："你只去过一趟北京，就这么跟我们开唪。"开唪加重语气，又作"胡吹乱唪"。

开窍儿（kāi qiàor） 懂事；灵活。例如："这个人可真开窍儿，什么事，一点就明白。"

kǎn

坎子礼儿（kǎn zi lǐr） 旧社会反动道会门的见面礼节，叫坎子礼儿。例如曲波《林海雪原》："杨子荣见了座山雕，行了一个坎子礼儿。"

坎儿（kǎnr） 江湖黑话，说黑话叫"吊坎儿（diào kǎnr）"。例如："咱们说话，不许吊坎儿。"

坎儿还有关口的意思。例如："过了这道坎儿，就是一马平川大道了。"

kàn

看渗路儿（kàn shèn lur） 事先仔细摸清情况。例如："这件事，头绪太多，你可得看渗路儿办事。"语汇的来源，渗路就是水流的方向。

káng

扛着哪（káng zhe na） 形容一个人还没吃饭。例如："你敢情吃饱了，我还扛着哪。"语汇的来源，是两个肩膀扛着一个嘴的意思。

kē

砢碜（kē chen） 不体面。见不起人的事，不好听的话，叫作"砢碜事""砢碜话"。例如："你怎么办了这么一件砢碜事？"又如："你说这话，多么砢碜！"砢碜这个语汇，在元明曲里记作"口碜"，例如杨文奎写的《儿女团圆》："亏你不害口碜，说出这等话来。"

kēr kǎnr mā zár 这是纯粹有音无字的语汇。这个语汇在北京一般的人口中，还在说着。意思是一切的一切。例如："你不用往下说了，这件事的kēr kǎnr mā zár我都知道。"这个语汇写成同音字，就是"柯儿坎儿妈杂儿"。mā也可以念阳平má。

kě

可惜了儿的（kě xī liǎor de） 对于人浪费东西，发出一种惋惜的口气。例如："你糟蹋了这么多饭粒，多么可惜了儿的！"可惜了儿的，也可以简化成"可了儿的"。

可一街（kě yì jiē） 满一街的意思。可字作满字用，成为普通常用的口语，例如："可一街都是满脸带笑的人。"又如："可一会场都是青年。"又如："可一车间都是欢呼声。"这个语汇来源很古，如唐刘禹锡诗："一方明月可中庭。"宋陆游诗："山可一窗青。"

kèn

肯节儿（kèn jiér）　事情的一个重要转折点。例如："大家都没办法，愁得了不的，正在这肯节儿上，支部书记来了。"肯节儿就是《庄子》上"肯綮"的口语化，也可以说是最古的语汇之一。肯口语念去声。另外，有一个比较通行的语汇，是"节骨眼儿"，和肯节儿相同。还有一个北京专有的语汇，是"nē lē jīn dē"，例如："正在nē lē jīn dē的时候，原料送来了。"意思和肯节儿、节骨眼儿相同。这是从满族语借用来的有音无字语汇。

kēng

吭唧（kēng ji）　小孩子发出要哭不哭的声音。例如："这个孩子吭唧什么呢。"又如："你吭吭唧唧的干什么呀！"和吭唧相同的还有"哼唧（hēng ji）"和"吭哧（kēng chi）"。

kōu

抠哧（kōu chi）　用手指挠东西、挖东西的意思。例如："你身上那个疮刚结痂，别乱抠哧。"抠哧还有研究的意思。例如："这么难的一个算术题，到底让他给抠哧明白了。"互见"弄松"条。

抠开了（kōu kāi le）　旧社会把人排挤出一个团体，叫抠开了，或"抠出去了"，或"挖（wǎ）出去了"。例如："现在正说要紧的话,谁捣乱把谁抠开。"

抠偻（kōu lōu） 凹进的意思,形容病后眼眶深陷,叫作"抠偻眼儿"。例如："嗐！小朱这场病不轻啊！瞧他都抠偻眼儿了。"在北京口语里,抠偻的抠,也可以念阳平（kóu）。如果形容人生得面部凸凹不平,抠偻就改用"瓯抠"。瓯抠一词,是从金元以来就有的词汇,董解元写的《西厢记》里有："生得眼脑瓯抠,人才猛浪。"

抠门儿（kōu ménr） 有吝啬和紧缩两个意思。例如："那个人该用钱的地方不用,真是抠门儿。"抠门儿,也可以说"抠着门儿""抠着""真抠""太抠"。例如："咱们这些原料不多,可得抠着使用。"

kǒu

口大口小（kǒu dà kǒu xiǎo） 旧社会里被剥削的劳苦群众说话,有理也是没理,有钱有势的人说话,没理也是有理,叫作口大口小。例如："当家的,您甭说了,口大口小的,您算说得对。"又如："我不能往下说了,口大口小的,再往下显着我欺侮你了。"

口道福儿（kǒu dao fúr） 别人所不能多吃的食品,某个人偏能多吃,人便称作有口道福儿。这种食品多半指肥腻的肉类。例如："你能吃这么多肥肉,真是有这种口道福儿。"

口头（kǒu tou） 味道的意思。例如："这个西瓜,口头不错。"《红楼梦》:"口头也还好。"另外,够不够适合口味的浓度,叫够口儿不够口儿。例如:"这碗汤够口儿了。"又如:"这碗汤不够口儿,再放一点盐。"

口头语儿(kǒu tou yǔr) 一个人习惯在说每句话时,都加一句与本句话似有关似无关的话。例如:"你怎么每句话上,都带个'那么','那么'成了你的口头语儿了。"

kòu

扣了盖儿了(kòu le gàir le) 一定这么干下去了。例如:"这件事,我跟它扣了盖儿了,非弄成不可。"旧社会,这个语汇是对人不对事的,所以成为流氓的蛮横话了。另外,有一个比这个语汇分量还重一些的语汇,是"扣了环儿了"。例如:"咱们和反革命分子是扣了环儿了,只要发现了他们,就非捉到他们不可。"

kū

窟窿桥(kū lóng qiáo) 不实在,不可靠的意思。例如:"这个人说话有点窟窿桥,大家得多注意。"又如:"这件事,这么办行吗?我看有点窟窿桥不牢稳吧。"窿可以儿化。

kǔ

苦阴阴儿的（kǔ yīn yinr de） 食品或饮料，有一点不太重的苦味。例如："这种龙须菜，苦阴阴儿的挺好吃。"又如："苦阴阴儿的茵陈酒真好喝。"如果形容苦或很苦，就说"苦剌嘎唧"。

kuǎi

扐哧（kuǎi chi） 搔痒的意思。例如："我脊背上直痒痒，你给我扐哧扐哧。"

kuài

快当（kuài dang） 快的意思。例如："北京到莫斯科一万里地，坐飞机一天就到了，真快当。"快当如果说成快快当当，就有赶快的意思。第二个当字儿化。例如："你可要快快当当儿地回来。"

快慢儿（kuài mànr） 应该加快行动，然而却慢腾腾的。例如："你怎么不懂得快慢儿，工作这么紧张，你还说笑话。"这种用两个意义相反的词构成的语汇，在北京话里流传着不少。例如："父亲万一有个好歹儿怎么办？""你怎么见着叔叔没个大小儿。"又如："谁还不知道自己的高矮儿。"好歹、大小、高矮，都是这一类的语汇。注重点都是第二字，第二字都儿化。

kǔn

捆着发麻吊着发木（kǔn zhe fā má diào zhe fā mù）旧社会形容一个人生活不好过，由于经济困难，生活怎么也安排不好。例如："早年间，我一家五口人，只挣那么点钱，捆着发麻吊着发木的，难为我也熬过来了。"

L

lā

拉巴（lā ba） 扶养的意思,和"曳把（yè ba）""曳扯（yè che）"相同。例如:"这孩子,我好（不）容易地拉巴大了,谁想到这么不听话,这么气人。"又如:"这么软弱的孩子,真难为把他曳把大了。"又如:"一个寡妇人家的,曳扯一个孩子真不容易。"

拉败架子（lā bài jià zi） 形容一个人表现出来疲乏的样子。例如:"你看他晃晃悠悠地拉着败架子就回家了。"又如:"这么一点活儿,你就拉败架子了。"

拉不下脸来（lā bú xià liǎn lai） 不好意思和放不下架子的意思。例如:"我宁可没钱,也拉不下脸来和人去借。"拉不下脸来也可以说"抹不下脸来"。《龙须沟》:"疯子抹不下脸儿来卖苦力气嘛。"抹字在这里不念本读音mǒ,念口语音mā。脸可以儿化。

拉不出舌头来（lā bù chū shé tou lái） 形容涩味浓厚。例如:"嚄,这个柿子涩得我都拉不出舌头来了。"

拉晃绳（lā huàng shéng） 晃绳是一种拴骡马的专用

绳子，两头扣在环子上，一牵动就晃来晃去，因此用来形容一个人摇摆不定，不肯对人说出自己的准意见。例如："他是个拉晃绳的人，这件事，你别问他了。"又有对事情不认真、不负责等意思。例如："咱们都要好好干，谁也不许拉晃绳。"

拉舌头（lā shé tou） 不负责任地乱传话。例如："一个人不许给人拉舌头，应该给人化解化解。"北京人形容拉舌头的全语，是"拉舌头扯簸箕。"

拉硬屎（lā yìng shǐ） 对不顾环境情况，自以为是，自命清高的人的讽刺话。《红楼梦》里，刘姥姥说狗儿："如今是你们拉硬屎，不肯去就和他，才疏远起来。"这个拉字，一般写作屙。

lá

邋遢（lá ta） 不整洁。例如："这个人脸也不洗，衣纽也不扣齐了，真叫邋遢。"明人沈榜写的《宛署杂记》："人不修洁曰邋遢。"也写作邋遢。

lāi

赖歹（lāi dāi） 不好的意思。例如："这个人做事太赖歹了。"赖歹的反面，就是"不赖歹"，不赖歹是称赞好的意思。例如："张三真不赖歹。"又如："你这笔字写得真不赖歹。"赖不念本读音去声，歹不念本读音上声，全念口语音阴平。

lái

来派（lái pai） 事情的苗头；人的气度。例如："这个病可不轻，看这样子，不是什么好来派。"又如："这个人举动大方，说话有条有理，看样子，是有个来派。"

lān

懒散（lān san） 遇事马虎不在意，行动自由随便的意思。例如："这个人这么懒散，交给他什么任务，也得多考虑考虑。"懒字念阴平，散字轻声。

lán

拦胳膊（lán gē bei） 向人开口被拦阻的意思。例如："我不是拦你胳膊，是实在没钱借给你。"又如："向人开口应该先考虑考虑，免得让人拦胳膊。"膊不念本读音bó，念口语音bei轻声。

拦马墙儿（lán ma qiángr） 不怎么严密地阻挡，转为象征性地限制。例如："这个晚会要收票的意思，是防备小孩子们往里乱跑，收票不过是个拦马墙儿。"马念轻声。拦马有写作拦门的，有写作拦面的。

lǎn

懒怠（lǎn de） 不乐意做某一件事。例如："这场戏，我懒怠去看了。"口语里的怠字，不念怠本字读音dài，通常说作de轻声。

làn

烂芍药（làn sháo yào） 腐烂的意思，也指腐烂的东西。例如："你这疮，还不赶快治，都成烂芍药了。"芍药在这里没意义，它是烂的副词。北京话里，习惯用名词作为形容词的副词，如"烂酸梨似的""面老倭瓜（形容人疲惫）"等等。

láng

踉蹡（láng kang） 形容人过于随便或贪多。例如："这个人吃饭这么踉蹡，早晚必然得胃病。"《顺天府志》引《宁河关志》："踉蹡太不洁也。"意义稍有差别，但总为一义引申而来。踉蹡可以写作踉航。

láo

痨病腔子（láo bìng qiāng zhi） 原指患结核病的人身体非常虚弱，转为形容器物的不牢固。例如："这个桌子，痨病腔子似的，怎么放东西。"和痨病腔子相同的一个语汇，是"切糕架子"，这是过去北京卖切糕的，大半是流动商贩，所以用活动的案架。

劳驾（láo jià） 谢谢的意思。但只属于精神帮助的道谢，如果物质赠予，仍应说谢谢。例如："劳驾，人民剧场在什么地方？"劳驾也可以用在一句话的后面，或单说劳驾。例如："您把椅子搬过来了，劳驾。"又如："劳驾劳驾！"另外有"借光（jiè guāng）"一个语汇，和劳驾相同，但只能用在发语词上。例如："借光借光，您让我们先过去。"又如："借光您呐，到鼓楼往哪么去？"

lǎo

老的儿（lǎo der） 对父母长辈的尊敬称谓，但这称谓不是晚辈对长辈的直接的称谓。例如："孩子，你的老的儿好啊！"又如："做老的儿的，没有不疼孩子的。"

老郎神（lǎo láng shén） 形容人知道的事多。也用来讽刺卖弄自己知多见广，欢喜插嘴大发宏论的人。例如："你真是老郎神，什么都知道。"另外，有"比老郎神还多三出戏"一个成语。"老郎神"相传是戏剧的祖师，比"祖师"还多三出戏，所以成为讽刺的成语。例如："你别说了，谁不知道你比老郎神还多三出戏。"

姥姥（lǎo lao） 表示不信的意思。例如："你敢打我？姥姥！"又如："你能搬得动这块大石头？姥姥哇！"姥姥常常在旁人说大话以后，单独来用。例如，甲："我能举重一千斤。"乙："姥姥！"语汇来源不详。

老了（lǎo le） 某些事情做得超过了应有的限度，北京话就说"老了"。如喝酒太多，叫"揉老了""搬老了""擦老了""周老了"。羊肉涮的时间过长，叫"涮老了（指火锅涮羊肉）"。沃鸡蛋（鸡蛋去皮在开水里整煮）时间大，叫"沃老了"。衣服做瘦了，叫"剪老了"。批评人时过于严厉，也可以说老了。例如："对这个人，你批评他老了一点。"

另外，老人死了，也可以说老了，见"死"条。

老米嘴（lǎo mǐ zuǐ） 不长大牙，没有咬斗能力的蟋蟀叫老米嘴，这种蟋蟀能吃不能斗，因此借用来形容一个人软弱无能。例如："这个人不过是个老米嘴罢了。""能吃不能斗"也是北京一个语汇。

老牛箍嘴（lǎo niú gū zuǐ） 尽其所有的意思。例如："你老牛箍嘴地把这些原料拿走了，我用什么呢。"

老千儿似的（lǎo qiānr shì de） 形容人脸红。过去黑纸牌（北京家庭赌具）里，有一张"老千儿"，画着红道子，因此，便转用它来形容人脸红，特别用来形容喝醉了酒的人脸红。例如："脸都喝得老千儿似的了，就别再喝了。"形容酒醉人的脸红，还有"茄子似的""紫茄子似的""紫萝卜似的"。

老实巴交（lǎo shí bā jiao） 说人老实。巴交是副词。《骆驼祥子》里，把交写作焦："人不可貌相，别看老实巴焦的。"

老台（lǎo tai）　兄弟中最小的称老台。例如："这是我们老台。"台念轻声。语汇的来源，据说是一母所生兄弟中最小的一胎。北京话"老"有时有"小"的含义，例如："这是我们的老儿子，这是我们的老丫头。"老儿子就是最小的儿子，老丫头就是最小的女儿。

老天拔地（lǎo tiān bá dì）　形容人老。《红楼梦》："那些老婆子们都老天拔地，伏侍了一天。"

老爷子烟儿（lǎo yé zi yānr）　惊叹语，是在久已盼望而忽然获得一件东西，或忽然见到一个熟人时的惊叹语。例如："哎哟，老爷子烟儿，您可来了。"又如："老爷子烟儿，这篇文章可写完了。"老爷子烟儿的前面，可以加"我的"二字，表示亲热。例如："哎哟，我的老爷子烟儿，您可吃完这顿饭了。"这个语汇后面，还可以加"关东杆儿"几个字，这样，就变成看到一件危险转为平安的事情以后表示叹慰的话。例如："他这个病真会好了，我的老爷子烟儿关东杆儿。"

老爷儿（lǎo yér）　北京人称太阳。例如："夏天老爷儿出来得早。"《龙须沟》写作"老阳儿"："快别再挨（在）老阳儿底下晒着啦。"

老凿子（lǎo záo zi）　指专爱做某件事，或专爱吃某种东西的人。例如："你真是吃蒜的老凿子。"又如："你甭跟他谈戏，他是听戏的老凿子。"

lào

落地梆子(lào dì bāng zi) 指不做正事,不正经工作的人。例如:"你这么落地梆子似的,将来怎么好啊。"又如:"小吴天天乱跑,真是个落地梆子。"梆子指的就是人,北京口语里,这个用法很多,如"丧梆子""冤孽梆子"。梆子疑从帮子转来,即这帮人的意思。

落地砸坑儿(lào dì zá kēngr) 必须如此的意思。例如:"这个东西,落地砸坑儿,非这个价钱不能卖。"又如:"这件事,落地砸坑儿,只有这么办了。"落地砸坑儿也可以说"掉地砸坑儿"。

落头(lào tou) 旧时商业中指盈余、红利。例如:"咱们这回结账的时候,多少总有些落头。"

lē

嘞嘞(lē le) 猪的叫声,是连续不断的嘞嘞嘞嘞,因此,便借用来形容人的说话没完没了。例如:"听吧,张大伯又嘞嘞上了。"北京还有一个成语:"没眼儿猪,瞎嘞嘞。"例如:"别听李大叔的话,他是没眼儿猪瞎嘞嘞。"北京还给爱说话的人,起个别名,叫"嘞嘞儿大爷"。例如:"一会儿嘞嘞儿大爷就来,等他来了,听他一嘞嘞,你就没这么多话了。"

褴褛(lē de) 形容人衣服不整洁或衣服肥大不合身,行动不方便的样子。例如:"你一点不利落,多么褴褛!"又如:"你怎么这么褴褛,一点儿不边式。"北京话里,为了加重这个形容词,还有一个语汇"褴褛臭儿"。再口语化一些,还有一个"褴褛还带个臭儿"。

lēi

勒掯(lēi ken) 强制约束。例如:"这孩子这么花钱可不行,必得勒掯勒掯他。"又如:"一个人不能太勒掯他,不然,早晚非闹翻了不可。"勒掯在《红楼梦》里,写作"累掯"。

lěi

垒坯(lěi pī) 形容人一时的糊涂,或装糊涂。例如:"这事你怎么不明白,心里垒着坯哪?"又如:"这事我知道,我心里没垒坯,可是我不能当面指明白了。"

léng

棱缝儿(léng fengr) 原意是墙接缝部分。借作问题的关键所在部分。例如:"老张真成,一件挠头的事,到他手里,一眼就瞧出棱缝儿来。"

lěng

冷不防(lěng bù fáng) 趁人不防备。例如:"王三冷不防从李四手里,夺过来铁锹就跑。"北京曲艺"单

137

弦"里有一段"冷不防成家",是专专刻画冷不防的寓言体唱词。

冷锅里冒热气（lěng guō le mào rè qì）　突然的或意想不到的。例如："大家正在这儿说笑话,他冷锅里冒热气地哭起来了。"又如："这个向来不看戏的人,今天怎么冷锅里冒热气地也来了。"

lèng

楞头青（lèng tou qīng）　形容人做事不加考虑,拿起就做的意思。例如："小张不管不顾的,有事拿起来就干,真是个楞头青。"又如："这家伙真是楞头青,拿起芥菜头来就当萝卜吃。"北京说这个语汇时,有时可以在楞头青前面加"青个（gē）楞"。青个楞是北京形容还没成熟的水果的常用语。

楞怔（lèng zheng）　睡后没醒明白的样子,或在听大家谈话中间,忽然想个人心事,出神的样子。例如："这孩子一定刚睡醒,还直发楞怔呢。"又如："咻,大伙儿正说在热闹中间,你怎么楞怔起来了。"

lǐ

里外辙儿（lǐ wài zhér）　里外辙是指车的上下行道。转为一般的道理、规则等。例如："那位老同志,心里清楚,了解旁人心情,做起事儿来,总是有个里外辙儿。"

里外辙儿也可以说"有里有面儿",也可以说"有里有表儿"。反过来,只顾自己,做事没有里外辙儿,叫作"怀儿来着",是从兽力车行车术语上转来的语汇。

lì

力巴(lì ba) 过去,北京管对一件事不内行的人叫力巴。例如:"这个东西,一定是力巴做的。"北京话说人力巴时,总喜欢加上一个"头"字,成为"力巴头"。元朝人把力巴说成"戾家",赵子昂写的《论曲》里,就用"行家生活"和"戾家把戏"对称。

俐嗖(lì sou) 轻快的意思。例如:"脱了棉衣服,身上可就俐嗖了。"又如:"你甭着急,孩子送到幼儿园,身上一俐嗖,就可以参加工作了。"嗖也可以写作飕,但通常写作"俐索(lì suo)"。

liǎ

俩(liǎ) 俩是北京话里特有的数量词,意思是两个,用作虚指时,又有不多或几个的意思。例如:"我们俩人。"又如:"这么大的一个饭碗,才卖这么俩钱儿,真不贵。"又如:"谁没俩朋友。"

lián

连刀儿理四的(lán dāor lǐ sì de) 形容条理不清楚。

139

例如:"这个人说话连刀儿理四的,简直听不出他说什么来。"这个语汇是从切肉连刀转来的。

liǎn

脸模儿(liǎn mor) 脸上气色。例如:"你这几天脸模儿挺好,一定吃得好睡得好。"模念短轻声,读音和莫接近。

脸子(liǎn zhi) 旁人的脸色,就是脸上的表情。例如:"看着脸子办事,真难为情。"《红楼梦》:"看人家的脸子。"脸子、脸色、颜色、眼色,都是同样的意思。

liáng

量肠子(liáng cháng zi) 对一个做对不起人的事的人的衡量。例:"对不起人的事我不做,我怕人量我肠子。"又如:"你做的这件事,真让人量肠子。"

凉了(liáng le) 听到一件事不成功时的心情。例如:"他一看这件事办得这么糟,心里就凉了。"凉了也可以说"凉了半截儿"。例如:"他最后一算账,亏了这么些钱,当时就凉了半截儿。"凉了和凉了半截儿,没有程度的分别。还有一个"透心儿凉"的语汇,意思是彻底糟了。例如:"我到了河边,一看桥没了,当时就来了个透心儿凉。"这个语汇如果实用,便是形容寒凉彻骨。例如:"这阵西北风,打了我个透心儿凉。"

凉丝儿丝儿的(liáng sīr sīr de) 天气有一点凉的意思。例如:"别看'立夏'了,天气还是凉丝儿丝儿的呢。"又如:"北京夏天,早晚也是凉丝儿丝儿的。"在北京口语里,凉丝儿丝儿的也可以说成"凉不丝儿的"。

liǎng

两面三刀(liǎng miàn sān dāo) 当面说的、做的是一套,背后说的、做的又是一套,耍两面手法的意思。《红楼梦》:"你这两面三刀的东西,我不稀罕。"

两事旁人(liǎng shì páng rén) 外人,不是自己人。例如:"两事旁人的私信,咱们不能拆开看。"又如:"我哪能不管,我是他舅舅,又不是两事旁人。"

liàng

晾台(liàng tái) 事情办不成的意思。这是从舞台上因为演员不到,以致戏剧不能演出,从而晾空台转来的语汇。《骆驼祥子》:"这不是成心亮(晾)我的台吗。"

liāo

撩了(liāo le) 见"走了"条。

liáo

聊花人儿（liáo huar rénr） 小孩子能说让父母喜欢听的话。例如："这孩子真能聊花人儿，他爹妈爱他极了。"旧社会的儿媳妇，说话能取得公婆喜欢，也叫能聊花人儿。花可以念huo的轻声。在北京口语里，聊花人儿也可以说成"聊扣人儿"。扣也念轻声。

了手（liáo shou） 结果、结局。例如："这个人这么不听人说，将来怎么是个了手。"了念阳平。

liào

尥嗒（liào da） 形容穿短衣瘦衣的人走起路来后身一扬一扬的样子。例如："你穿这又短又瘦的衣裳，尥嗒尥嗒的多么难看。"还有一个形容人走路有往前奔的意思。例如："这个人尥嗒尥嗒地就来了。"这个语汇是从马骡大牲口向后扬蹄子踢人叫"尥蹶子"来的。为了通俗，尥可以写成撩，念去声。尥嗒也可以说成"撅嗒"，撅念阴平（juē），也可以念上声（juě），撅嗒和尥嗒稍有不同之点，就是撅嗒专形容人的衣裳短。

撂地儿（liào dìr） 过去曲艺杂技演员，大部分在露天地上表演，叫作"撂地儿"。例如："解放后，我们相声演员都上舞台演出了，以前，谁没尝过撂地儿的苦处。"

撂了（liào le） 见"死"条。

撂湿撂干（liào shī liào gān） 对事情是不是准能成功

的估计。例如："我对这个工作，只是争取做好，不是保证做好，撂湿撂干我可没把握。"干也可以儿化。

撂挑子了（liào tiāo zi le）　见"死"条。

撂条货了（liào tiáo huò le）　见"死"条。

liě

咧合（liě he）　看不起人的一种姿态，或撇嘴，或斜视，或说冷言冷语。例如："老贾总是对老鲁咧合着，这是不像话的，咱们应该给他们解开这扣儿。"

裂合（liě he）　敞着，开着。例如："你这个制服，怎么裂合着不扣上纽扣儿呢？"又如："捆的这个行李，这么裂合着，怎么托运呢？"裂不念去声，念上声。

裂了锅了（liě le guō le）　说两个人因为感情破裂，不再在一起生活了。例如："他们俩感情很好，怎么会裂了锅了。"裂念上声，不念本读音去声。如果有人愿意给这样感情破裂的人，说合在一起，重新恢复感情，就叫"锯锅（jū guō）"。例如："不能老让他们乌眼儿青似的，老这么谁不理谁，咱们得给他们锯上锅。"这个锯也念上声。

咧着乖乖岔儿（liě zhe guāi guāi chǎr）　咧着大嘴的意思。例如："疼得他咧着乖乖岔儿这么一哭。"

liè

劣角（liè jie） 角字在这里应念街（jie）的轻声，是胡闹顽皮的意思。例如："这个孩子真劣角，变着法儿淘气。"又如："那匹白马真劣角，一抬蹄子，差点把我摔了斤斗。"董解元《西厢记》里，也有这么一句："这个酸丁忒劣角。""忒"字在今天北京口语里，也还存在着，意思和"太"一样。例如："这场戏演得忒好了。"现在大部分把忒字写成"特"字的，这是因为忒、特音同的关系。

裂璺（liè wèn） 东西摔损，有了裂痕，叫裂璺了。例如："这么好的瓷器，可惜裂了璺了。"又如："这个大瓦盆，你又把它摔裂了璺了。"

裂璺儿化，成为"裂了璺儿了"，是专指阴沉的天气，有了裂痕，仿佛要晴天的样子。例如："阴了这么些天了，可裂了璺儿了。"

lìn

论（lìn） 以斤、个、条、包、箱为单位买卖东西，叫作论斤、论个、论条、论包、论箱买。北京口语论在这里念吝（lìn）。

líng

灵翻（líng fan） 灵便、灵活的意思。例如："这把小刀使着真灵翻。"又如:"你看杂技团的演员,身体多么灵翻。"

零唧咕(líng jī gu) 零零星星的意思。例如:"这孩子,零唧咕吃了不少东西了。"零唧咕也有零买的意思。例如:"你怎么不多买点纸,一张一张的零唧咕多么费事。"咕也可以儿化。北京歇后语"小铺儿的蒜,零揪儿",就是零唧咕的意思。

零三八四(líng sān bá sì) 琐碎事情;零碎财物。例如:"一个做研究工作的人,就怕整天有零三八四的事情纠缠他。"零三八四在明人沈榜写的《宛署杂记》里,写作"零三八五",和今天北京口语,稍有不同。

lǐng

领了(lǐng le) 口头感谢旁人对自己的帮助或赠予,实际上并没有接受这种帮助或赠予。例如:"您的好意我领了,这点活儿我一会儿就做完,您甭搭手了。"又如:"我刚吃完饭,不能再吃了,您的盛意我领了。"这是北京人常说的一句客气话。

liū

溜瞅儿的(liū qiūr de) 形容一个人避开旁人视线,或乘人不注意时,暗暗地行动。例如:"这孩子溜瞅儿的又出去了。"溜瞅儿的也可以说"溜儿瞅儿的";也可以不儿化加叠字,成为"溜溜瞅瞅的"或"溜瞅溜瞅的"。

流沿儿(liū yánr) 形容东西盛得太满,也可以说"流流沿儿"。例如:"你装这么流流沿儿的水,叫人怎么端呀!"明人沈榜写的《宛署杂记》:"满曰流沿儿。"流念阴平。

liǔ

柳州(liǔ zhōu) 远地的意思。过去,由于交通不方便,常把离北京较远的地名,用来形容远。这和"哈什罕儿"相同。例如:"你买一个信封去了这么半天,上柳州了?"北京还有一个同样的语汇,是"云南二条(轻声)胡同",是本地专名(胡同)和远方专名(云南)结合的一个例子。

liù

六(liù) 表示否定或怀疑的词,多用作虚指。《龙须沟》里,用了很多这个语汇,丁四说:"交车份了。"丁四嫂说:"交个六。"(意思是没交)又王大妈说:"什么进铁厂啊,进六厂。"(意思是没有进铁厂)这是北京极流行的语汇。

溜(liù) 扔、练习的意思。例如:"这个手榴弹,你溜得真远。"又如:"我好久没唱了,你弹弦子,我溜一溜嗓子。"另外,还有一个散步的意思,这是从"溜达

（liū da）"简化来的。例如："天天早晨起来溜溜，是有好处的。"

六够（liù gòu） 时间很长、次数很多、数量很大的意思。例如："咱们走了个六够，怎么还不到啊？"又如："你翻了六够的书，找到那个资料没有？"又如："这雨下了六够，还是没有放晴的希望。"

六扔多远（liù rēng duō yuǎn） 尚有距离的意思。例如："我这活儿，离着完成指标，还差六扔多远呢。"六扔多远也可以说"八丈多远"，六扔、八丈都是虚指的。

六十二斤半（liù shí èr jīn bàn） 形容钱数多。按旧衡器一斤十六两计，六十二斤半是一千两，千两银子即千金，这在古代，便是个大数，所以有"千金之子，坐不垂堂"的话。北京口语里，也是以一千两银子代表钱的大数，说起来就是六十二斤半。例如："老刘这个病，就是花六十二斤半，也要把他救活了。"

溜嗖（liù sou） 敏捷或熟练的意思。例如："你病好了以后，腿脚儿慢慢就溜嗖了。"又如："你听这小姑娘唱歌，嗓子多么溜嗖。"嗖也可以写作飕。溜不念本读音阴平，念口语音去声。

lóu

楼了（lóu le） 瓜类腐坏，北京话说楼了，转为形容一件事的失败或将要失败。例如："这个西瓜楼了，不能再吃了。"又如："这件事楼了怎么办。"又如："这场比赛要楼。"这是北京学生和青年中间最流行的语汇。

楼子（lóu zi） 差错、漏洞、事故、麻烦等意思。例如："别去惹楼子！""你这不是找楼子吗？""你这么弄下去，非出楼子不可。""看，小三儿又捅楼子了。""楼子"也有写作"漏子"的，也应读"楼"。

lòu

露馅儿（lòu xiànr） 秘密被揭露的意思。例如："你这可没的说了，你的事儿全露馅儿了。"又如："变戏法儿的，就怕当场露馅儿。"馅不念本读音xiàn，念口语音xuàn。

lǘ

驴唇（lǘ chun） 指人身上被抽打的伤痕。例如："你们哪知道，早年扛长活的身上，时常被打得一道子一道子的驴唇。"驴念阴平，唇念轻声。语汇的来源，驴唇是象形驴嘴唇的厚大。

驴唇马练（lǘ chun mǎ liàn） 形容枝头花朵成串，果树果实累累。例如："这桃花开得驴唇马练的。"又如："这两棵柿子树，结得驴唇马练的大柿子，多爱人啊。"驴念阴平，唇念轻声，马练念本音。这个语汇，自然也是从"驴唇"丰富、变化来的。

lǔ

鲁正恩（lǔ zhèng ēn）　形容人的行动鲁莽，做事不假思索。例如："这么娇嫩的花朵，硬揪还行，这不是鲁正恩吗？"又如："这个人什么事都是鲁正恩似的，想到了就做。"语汇来源不详。

lüěr

论儿乎（lüěr hu）　什么都不在乎、不怕，有拿起来什么活儿都敢做的意思。例如："什么天冷天热的，我拿起腿来就走，一点不论儿乎。"又如："不管什么活儿，他都不论儿乎。"论不念本读音lùn，念lüě儿化。

lūn

抡得出来了（lūn da chū lai le）　意思是一个人在劳动中锻炼出来了。例如："多健壮啊，这个孩子抡得出来了。"抡得出来了，也可以说"摔得出来了"。"得"字念搭（da）字的轻声。

lún

沦背（lún bei）　沦落的意思。例如："这个小伙子，沦背得这个样子了。"

lùnr

论儿（lùnr） 道理；忌讳。例如："城墙外头都有一道河，这在早先是有个论儿的。"又如："人都说有这么个论儿，吃饭的时候，不许说话。"论儿也可以说"在论儿""在论的"。

luò

骆驼上车了（luò tuo shàng chē le） 见"死"条。

M

mā

摩撒（mā sa） 用手掌舒展东西或按摩。例如："衣裳半干的时候，摩撒摩撒，免得有褶子。"又如："这孩子吃多了，我给他摩撒摩撒肚子。"北京给小孩子摩撒肚子时候，还有几句儿歌："摩撒摩撒肚儿，开小铺儿，又卖油盐儿，又卖酱醋儿。"摩念妈字音。

má

麻着木着（má zhe mù zhe） 吓唬人的意思。例如："你甭麻着木着我，我才不吃你这一套呢。"北京还有句成语是"吓麻了腿儿拿活的"。例如："咳，你有什么说什么吧，甭打算吓麻了腿儿拿活的。"

mǎ

马哈（mǎ hǎ） 知道得不真切的意思。也有马虎的意思。例如："我对这事儿有点马哈，你再问别人吧。"又如："我真马哈，进来一个人我会没看见。"哈念上声。

马后炮（mǎ hòu pào）　指不及时的举动、办法、主意等。例如："这件事都办完了，你再有什么好主意，也是马后炮了。"这个语汇，是从象棋术语来的。

蚂蚁盘窝（mǎ yǐ pán wō）　形容人多，像蚂蚁倾巢而出的样子。例如："节日、假日的公园里，人多得像蚂蚁盘窝似的。"蚂蚁的蚂字，也可以念阳平。

马前刀儿（mǎ qián dāor）　形容一个人办事在过节过板上，有一套敏捷应付的能力。例如："他真有马前刀儿，招待得客人个个高兴。"北京口语里，还有一个"前三抢儿"的语汇，和马前刀儿完全相同。

mà

骂挡子（mà dǎng zi）　旧社会把专做替人挨骂的事的人，叫作骂挡子。例如："张三做这个总务，就是当骂挡子的事嘛。"

mài

卖了（mài le）　失手摔了瓷器陶器，人便用惋惜的口气说"卖了"。例："哟，这个细瓷盘子卖了！"又如："你昨天摔了个大碗，今个大瓦盆又让你给卖了，这还能行！"

卖山音（mài shān yīn）　故意高声说话，为得使大家都听见，因而揭发了某一个人的缺点。举一个对话作例：

"'喂，咱们可要重视清洁工作啊！''你卖什么山音，我刚弹了一点烟灰儿。'"卖山音，又叫"卖嚷儿"，又叫"卖嚷嚷儿"。《儿女英雄传》："急得个张姑娘没法儿，只好卖嚷儿了。"

măn

满盘子满碗（mǎn pán zi mǎn wǎn） 说一件事办得结果圆满，令人满意，同时也有对得起人的意思。例如："你托我办的那件事，总算满盘子满碗办到了，没丢人洒脸。"

满儿了包堆（mǎnr le bāo duī） 所有的都算上，指人指事都可以。例如："满儿了包堆的人都得去听报告。"又如："你们挑吧，剩下的满儿了包堆的都归我。"满儿在口语里，也可以说měir。堆也可以念zuī。

màn

慢条斯理儿（màn tiao sì lǐr） 形容一个人行动缓慢，不紧不忙的样子。例如："这么紧张的工作，你这么慢条斯理儿的还行吗？"斯念去声。

máng

忙叨（máng dao） 东抓一头，西抓一头，慌慌张张工作的意思。例如："你不按着次序做工作，瞎忙叨什么呢。"又如:"老孙一天忙忙叨叨的,什么活儿也没干出来。"

māo

猫打镲(māo dǎ chǎ) 细小的、无聊的、近乎儿戏的或无中生有的事或话。例如:"这种猫打镲的事,提它有什么用呢?"又如:"我正忙呢,没工夫听你这种猫打镲的话。"镲是钹的口语字。猫可以儿化。

猫儿腻(māor nì) 事故的意思。例如:"这个也不行,那个也不好,你的猫儿腻太大了。"又如:"你们俩嘀咕什么呢,别又闹猫儿腻。"这是从回族语"马儿密"转来的借用语,马儿密的原意是事故由儿。

猫儿食(māor shí) 每顿饭吃得不多,但喜欢吃零嘴的意思。《红楼梦》:"我说你是猫儿食。"

mào

冒坏(mào huài) 出坏主意,但这种坏主意只是玩笑性质的举动,并不严重。例如:"大家都在这儿做游戏,你又冒什么坏。"冒坏,实际就是北京话从普通话"冒坏主意"省略来的。

méi

没熬过来(méi áo guò lái) 见"死"条。

没岔口儿（méi chá kour） 找不着空子，找不着方法，没法加入的意思。例如："我本想搞一些通俗文艺的作品，可是老没岔口儿，不知道怎么下手。"又如："他们俩人说得正在火头上，我本想给他们劝劝，可是老没岔口，插不上嘴。"岔口是碎砖瓦的对口，也可以写作庄稼上的习用语"茬口"。

没法儿（méi fenr） 原意是没有方法。转为再没有的意思。例如："今天这场戏，没法儿那么好的了。"又如："这孩子的功课，没法儿那么棒的了。"法儿不念far本读音，念fenr口语音。

没盖儿烧饼（méi gàir shāo bǐng） 便宜的东西，没代价的东西，但这里所说的东西，都是虚指。例如："他见了便宜东西就买，真像得着没盖儿烧饼似的。"例如："他最爱看电影，这回分配他到电影院工作，他可得着没盖儿烧饼了。"这两个例子的得字，都念děi。

没稿子（méi gǎo zi） 对于一件事没有计划办法，或还没有计划成熟，都可以说没稿子。例如："这件事究竟怎么样，我还没稿子呢。""星期日到哪儿玩去，大家商量，我没准稿子。"稿子是文章的底稿，没稿子就是没底的意思。"没底""没根"都是北京的一个语汇。

没根基（méi gēn ji） 形容一个人总爱贪便宜。例如："这个人好没根基了，总是跟人要纸烟抽。"这个语汇，自然是旧社会讽刺穷苦人的话，但流传久了，便成了一般的口语了。这个语汇，多半用在逗小孩子上。例如："羞不羞，小五儿没根基，又吃弟弟的糖喽。"

没脚后跟（méi jiǎo hòu gen） 形容一个人出门不想回来，或回来得晚，没准时刻。例如："你不用尽自己等他了，他向来没脚后跟，不知道什么时候才能回来呢。"跟可以写作根。

没禁子（méi jìn zi） 没拘束，个人没有克制能力。例如："他没禁子，别叫他喝酒了。"没禁子念快了便成为"没进退"，没禁子直接写成没进退也可以。比没禁子更普通一些的是"没杀手"。

没拉干儿（méi lá ganr） 不懂眼色，不怕耽误自己事情，说上闲话没完。例如："这个人真没拉干儿，人家都听腻烦了，他还说上没完。"又如："我叫他打醋去，他没拉干儿，站在街上跟人聊上没完，面都煮烂了。"拉念阳平。

没了魂儿（méi le húnr） 一个含义是东西的本来面目被掩盖了，一个含义是一个人被某种事物迷住了。《龙须沟》："院子刚淘干净，又没喽（了）魂儿啦。"又同书："打从一解放，就老出去开会，整天儿像没啦（了）魂儿似的。"这两个用法，都是北京话里经常说的。

没六儿搭仨（méi liùr dā sā） 不靠边的，没正经的。例如："大家都在这儿说真个的，你别羼哄那没六儿搭仨的淡话。"没六儿搭仨，通常简化说作"没六儿"。

另外，有"没六儿少七""没六儿找六儿"两个语汇，意思完全相同。没六儿在《儿女英雄传》里，写作"没溜儿"。

没谱儿（méi pǔr）　和没稿子意思差不多，但多用在日常生活小事上。例如："吃什么都行，我没谱儿。"没谱儿也可说成"没准谱儿"和"没辙"。例如："这些日子一点准谱儿都没有。"又如："今儿个，我还没辙呢。"没吃饭，没钱，没娱乐的地方，都可以说"没辙"。《龙须沟》："您瞧，到现在我唱点什么还没辙呢。"

没心没肺（méi xīn méi fèi）　形容一个人不用脑筋，或讽刺一个人不接受经验教训。例如："这个人没心没肺，怎么办得成事？"又如："过去的事就忘了，真是没心没肺。"

mēn

闷嘚儿蜜（mēn der mì）　一个人正在背着人做一件自己所喜欢的事，忽然被人发现后的调笑语。例如："你一个人闷嘚儿蜜地在这儿鼓捣什么呢？"又如："嘀，你一人闷嘚儿蜜地吃上了！"闷念阴平。

闷坛子（mēn tán zi）　指不爱说话的人。例如："这个闷坛子，一句话不说，真叫人急死了。"闷念阴平。北京有一句形容这种人的话，是"坛子胡同闷二爷"。

闷头儿过（mēn tóur guò） 旧社会小有财产的人，既不参加官府差事，又不参加社会来往，只知道过生活，叫作闷头儿过，全语汇应当是"闷头儿过日子"，转为形容人的独身自好。例如："现在不是闷头儿过日子的时代了，大家都应该参加社会活动才对呢。"闷头儿过日子的人家，旁人也称之为"抱盆儿掷"，意思是一个人抱着盆儿掷骰子，当然没输没赢了。

mèn

闷葫芦罐儿（mèn hú lú guànr） 令人发闷不能猜透的问题。例如："这件事，我真弄得闷葫芦罐儿似的，猜不透其中的道理。"闷葫芦罐儿本是扑满的俗名，扑满里装了钱，在没打破以前，是没法猜出里面有多少钱的。闷念去声。

mēng

蒙蒙亮儿（mēng meng liàngr） 天将亮的时候。例如："天一蒙蒙亮儿，我就起来温习功课了。"蒙念阴平。

蒙欺盖景（mēng qī gài jǐng） 敷衍了事的意思。例如："一件事要脚踏实地去干，蒙欺盖景的是不行的。"

蒙神攥鬼（mēng shēn zuàn guǐ） 使弄欺骗人的手段，做出欺骗人的事。例如："我早知道这是蒙神攥鬼的事嘛。"北京语汇里，蒙人也说作"攥人"，例如："你可别攥我。"又如："我今儿个挨了攥了。"

蒙着锅儿（mēng zhe guōr） 不知道事情的根底就去做、就去猜的意思。例如："没打听打听根底，蒙着锅儿地干，那怎么不失败呢？"又如："什么事也不能蒙着锅儿瞎猜。"

měng

猛咕叮的（měng gu dīng de） 忽然而来的。例如："大家都在这儿看报，你猛咕叮地嚷什么？"参阅"抽冷子"条。

mī

眯眯儿（mī mir） 稍微睡一会儿。例如："你们愿意溜溜你们去，我得稍微眯眯儿。"眯念阴平。眯眯儿也可以说作"眯会儿"。

mì

蜜里调油（mì lǐ tiáo yóu） 非常亲密。例如："她们俩的感情，真是好得蜜里调油的。"

mián

绵软（mián ruǎn） 非常柔软。例如："这种打字纸,是真够绵软的。"绵软的对面就是"桑棒""硬棒"。

miǎn

腼觍(miǎn tie) 一个人说话行动有不好意思的样子。例如:"吃吧,别这么腼觍了。"觍在口语里念tie,不念本读音tiǎn。金院本王实甫写的《西厢记》里:"未语人前先腼觍。"

miàn

面劲儿似的(miàn jìnr shì de) 形容一个人非常软弱,对什么事都毫不反抗。例如:"他面劲儿似的听人话,一点儿自己主张都没有。"

miáo

描补(miáo bu) 用旁敲侧击的方式把一件事再点明一下。例如:"这件事,恐怕大家忘了,你得描补描补。"描补如果再说轻松一点,就是"描一描"。描也有找回面子的意思。例如:"别描了,越描越黑。"

miǎo

描着模儿(miǎo zhe mǔr) 仿佛记得,因而猜想的意思。例如:"这个人,我仿佛认识,描着模儿在哪里见过似的。"又如:"等我想想,这个问题,我描着模儿还能记得。"这个语汇里,描、模都念上声。

miàor

庙儿齐(miàor qí) 这是"春典"里所说的没钱。例如:"我是庙儿齐啊,今儿个不出去了。""春典"里还有"念杵""念咋",都是说没钱。

mǐn

抿一抿(mǐn yì mǐn) 形容稍微喝一点酒的意思。例如:"你不会喝酒,也要稍微抿一抿,这是喜酒嘛。"

mó

磨兑(mó dui) 用商量的办法,减低用度。例如:"你多磨兑磨兑,省一个是一个。"(一个即一个钱,北京话可以把钱字简略去。)

磨蹭(mó ceng) 形容人动作迟缓,工作不积极。例如:"你这么磨蹭,这工作什么时候做完哪!"磨蹭也可以写作磨磨蹭蹭。北京旧语汇,今天只在部分人口里保留的,有"磨饹馇(mò gē zha)"一句话,意思和磨蹭相同,例如:"你办事怎么这么磨饹馇呀!"这磨饹馇里的饹馇,并没意义,北京语汇中这种例子很多。饹馇是北京一种豆制副食品名。

蘑菇(mó gu) 原是一种菌类。北京语汇里是用来形容要走不走，要起不起，要吃不吃，要干不干，故意嬉笑的姿态等。例如："你怎么这么蘑菇，走不走呀？"蘑菇有的写"磨咕"。

妚妚（mó mo）　奶母。被乳的孩子称她"妚妚妈"，称她的丈夫为"妚妚爹"，称她的大姑、小姑为"妚妚姑姑"。这是已渐消灭的语汇，但《红楼梦》《儿女英雄传》里，是用了这个语汇的，所以记下来，以供参考。妚妚的妚，只能念模（mó），也可以念阴平，绝对不能念妈（mā）。

mǒ

抹咕丢的（mǒ gu diū de）　形容不好意思的神气。例如："上次我骗了他一次，昨天见了他，真怪抹咕丢的。"

抹蒿子（mǒ hāo zi）　哭、抹眼泪的意思。例如："这么点小事，你就抹蒿子了。"抹蒿子也可以说"流蒿子""拔蒿子"。从拔蒿子也可以转为"拔了"。

抹抹嘴不算了（mǒ mǒ zuǐ bú suàn le）　旧社会求人办事，必须请客吃饭，吃了人家饭的人，必须把应许的事办到，办不到或不办，人家就讽刺说："这个人吃完了喝完了，抹抹嘴不算了。"还有一个意义，是表示两个人关系亲近。例如："你吃完了，抹抹嘴走你的，全不用管了。"嘴也可以儿化。

抹稀泥（mǒ xī ní） 做错了事，用嬉笑态度，或嬉笑语言，冲淡错误，一般叫抹稀泥。例如："我说的是真的，你可别跟我抹稀泥。"抹稀泥也可以说"和稀泥"，和念huò。

抹嘴（mǒ zuǐ） 说话不饶人，说话尖刻的意思。例如："张二太抹嘴，人们不好和他说话。"抹嘴在《红楼梦》里说"磨牙（mó yá）"，宝玉说晴雯："满屋里就是她磨牙。"

mò

磨不开脸（mò bù kāi liǎn） 不好意思。例如："他跟我这么一说，我当时磨不开脸，就答应他了。"磨不开脸也可以说"掉不开脸"。磨不开脸也可以说"磨不开""磨不住"。《龙须沟》："大姑娘们，也没什么磨不住的啦。"

摸了云儿（mò le yunr） 形容高到了摸到云层那么高。例如："这群小燕飞到摸了云儿那么高。"摸不念阴平，念去声，了念短轻声，云轻声儿化。

mū

牡吆（mū lin） 形容一个没牙的人，口衔（北京口语衔念hén）一块硬东西，在口中移动的样子。例如："老奶奶，您这么大岁数还吃铁蚕豆？""嗐！没牙衔着瞎牡

163

敛吧。"这是北京人还在通常说着的语汇。《顺天府志》引《宁河关志》:"牡敛,口做鼻音。"牡敛有的写作慕敛、某敛、亩敛(均见《顺天府志》)。牡念阴平,敛念林字的轻声。这是从反刍动物口部动作来的语汇。

N

nā

呐摸劲儿（nā mo jīnr） 估计情况的意思。例如："这件事虽然头绪多，我呐摸这劲儿是可以搞成的。"又如："和面搁多少水，那是呐摸劲儿。"

呐摸滋味儿（nā mo zī wèir） 寻思分析一件事的经过。例如："办的这件事，我呐摸滋味儿，有点不对头。""咂摸滋味儿"和"呐摸滋味儿"相同。

ná

拿放（ná fang） 缠扰的意思。例如："这么一点小病，还能拿放得了人。"

拿鸭子了（ná yā zi le） 见"走了"条。

nǎ

哪门子（nǎ mén zi） 什么（与自己不相干的意思）。例如："人家搞对象，你高兴的哪门子。"最普通是把高兴切开，放在哪门子前后，成为"高哪门子兴"。

北京口语里，这种说法很多，实际有好多不能分割的词汇，也被分割了。

nāng

囊揣（nāng chuài）　指猪的乳部肥而松软的肉，有时也借来形容人身体过于肥胖。例如："他这么一身囊揣，一定跑不动。"又如："这块猪肉，净是囊揣，没有膘头。"元曲里郑光祖写的《周公摄政》里有："今日拜舞虽囊揣。"北京用这个语汇时，不念本读音（náng chuāi），念口语音（nāng chuài）。

nǎng

馕食包（nǎng shí bāo）　"饭桶"的意思，用来形容人吃得多。例如："我一顿饭吃这么多，真成馕食包了。"这个语汇，一般用在讽刺旁人吃得多。更多的是形容小孩子吃得多。

náo

挠了（náo le）　见"走了"条。

挠头（náo tóu）　事情不好办的意思。例如："这件事七杈子八杈子的，真叫人挠头。"挠头还有一个意思，就是没梳整头发。例如："我挠着头怎么去见人。"《宛署杂记》："不梳头曰挠头。"挠头还可以加蹀躞两个字。例如："你看我这挠头蹀躞的，实在难看。"北京语汇里，还有一个"七股子八挠"。例如："这事七股子八挠的，叫人怎么办。"

挠鸭子了（náo yā zi le）　见"走了"条。

nǎo

脑后摘筋儿（nǎo hòu zhāi jīnr）　这本是从武术招数转来的语汇，意思是在旁人不留神，或正危急的时候，下毒手暗算人，说轻一点，也是给旁人掣肘。用这个语汇时不完全专指人事，自然灾害，也可以说脑后摘筋儿。例如："刚种上白菜，脑后摘筋儿，一场瓢泼大雨，全把种子冲跑了。"又如："俩人动上手了，胖子一不留神，那瘦猴儿脑后摘筋儿唰的一掌，就把胖子打倒了。"

脑眼儿青乖乖肿（nǎo yǎnr qīng guāi guai zhǒng）　形容跌撞得很严重，但说这句话时，说的人态度是比较轻松的。例如："你这小伙子，总是不听话，看，摔得这么脑眼儿青乖乖肿的。"北京人管腮部叫"乖乖"。

nàor

闹儿（nàor）　指一个人有能力，什么场合都能应付，不容易受欺骗。例如："老文是个闹儿，这场事交给他，不会出错儿。"这和"闹一气"语意相同。

闹儿赛（nàor sài）　很好的意思。例如："这个人闹儿赛，可以和他交朋友。"又如："这件事办得真闹儿赛，人人都说好。"又如："这件衣服又漂亮又合身，真是闹儿赛。"赛是"赛音"的省字，赛音是满族语的好。

nē

讷勒金德（nē le jīn dé）　好机会，正是时机的意思。这是从满族语借用来的语汇，原意就是大好时机。例如："我正渴着，讷勒金德碰见卖汽水的了。"又如："饺子刚煮得，你来的正好是讷勒金德啊。"这个语汇，现在北京还在流行着。

néng

能耐梗（néng nai gěng）　说一个人什么都行，什么都懂，但这不是称赞话，而是讽刺话。例如："王老二可真是能耐梗，有事你找他去吧，管保给你聋子治哑巴了。"又如："这件事，谁会做谁做，谁不会谁别装能耐梗。"北京语汇里，还有一个"脓塞子"，是借脓能同音，讽刺自己认为有能为的人。例如："你能，你能什么？脓塞子。""脓"北京人一般不念nóng而念néng。北京还有一个讽刺人自称自己知多见广的语汇，是"知个经儿"，有"知个经儿的姥姥"的说法。

nì

泥缝儿（nì fèngr） 一个墙缝儿要用泥（ní）把它填平，北京话叫作泥（nì）缝儿。泥也可写作腻。例如："把墙缝儿泥（腻）上，免得爬什么虫虫蚁蚁的。"泥念去声。另外，泥缝儿的原料，也叫"泥子"。例如："油漆彩画，必须先上泥子。"

泥子的泥，也念去声。

腻人（nì rén） 有两个意思，第一个是指吃多了肥肉后的感觉。第二是小孩子纠缠人的意思。例如："这么肥的肉，多么腻人。"又如："这孩子老这么腻人，我一点活儿也做不出来。"第二个意义的腻人，也可写作"泥人"，陆游诗："泥人花气久侵帘。"

腻透了（nì tòu le） 心里极不喜欢或极烦闷的意思。比"腻zhuai"的烦闷情绪又深多了。例如："这个问题，总弄不清楚，心里真腻透了。"

腻zhuai（nì zhuai） 心里烦闷；或因为一件事做得不如意，而使心里不痛快，但这烦闷、不痛快的程度又不太大。例如："他的新制服撕了一个口子，心里正腻zhuai呢。"zhuai有音无字，而且没有同音字，和缀字相近，念轻声。北京还有单用zhuāi字来形容情绪不好。例如："我这几天，心里老zhuāi得慌。"zhuāi在这里念阴平。

niān

蔫（niān） 花草的枯萎，人的精神不振，都可以用蔫来形容。例如："这朵花蔫了。"又如："这个人透着发蔫。"蔫的本字作"茶"，唐人笔记小说里，常用这茶字，现在通常都写蔫，是现在作家从四川口语音转来的借用字。

蔫不出溜的（niān bù chū liū de） 慢慢的；轻轻的；偷偷儿的。例如："谁也没听见，他蔫不出溜的就进来了。"又如："谁也不知道，他就把这台机器蔫不出溜地修理好了。"溜也可以儿化。

蔫甘（niān gan） 形容一个人不爱说话，但态度并不生硬。例如："这个人蔫蔫甘甘的挺有趣儿的。"蔫蔫甘甘第二个甘字，可以儿化。

蔫剌不唧的（niān la bū jī de） 意思与蔫相同。例如："这个人，怎么这几天总是蔫剌不唧的。"不字本没有阴平的音，但在这里念阴平。唧也念阴平。

蔫冷（niān lěng） 没风没雪的天气，可是很冷。例如："这天儿这么蔫冷，倒不如下一场雪好。"蔫冷也可以说"干冷"。蔫字可以儿化。

蔫人出豹子（niān rén chū bāo zi） 这是北京一句成语，形容不爱说话、不爱表现自己的人里面，也是有出色人才的。例如："别瞧这孩子不爱说话，他可事事细心，一定蔫人出豹子。"

nián

粘缠（nián chan） 困绕、纠缠、折磨的意思。例如："糖尿病就是这么粘缠人，一时总也好不了。"另外一个语汇"淹缠"，形容久病不愈，只好拖下去。例如："这个病，就是这么粘缠人，你也别着急，先这么淹缠着，再找好大夫。"淹缠是延迟的口语化。

粘闲（nián xian） 一句话翻来覆去地说上没完，叫说话粘闲。也可以说"粘粘闲闲"，也可以说"粘了闲了"。也可以说"粘牙絮齿"。例如："刘头说话粘闲，总让听的人起急。"《顺天府志》引《宁河关志》："粘，琐言之多也。"

niàn

念心儿（niàn xinr） 纪念品。例如："他死了，我留着这个东西做个念心儿吧。"旧时以保留旁人遗物，叫作"留念心儿"，对活人互赠物品，忌讳说留念心儿。

niē

捏酸假醋（niē suān jiǎ cù） 形容一个人要做不做，要吃不吃，要乐不乐的假惺惺状态。例如："你吃不吃吧，干什么这么捏酸假醋的。"

niè

捏着鼻子（niè zhe bí zi）　不乐意做而勉强做的意思。例如："这件事，我捏着鼻子也给你办了。"捏在这个语汇里念去声。

nǐng

拧子（nǐng zi）　差错的意思。例如："挺好的事，没想到出了拧子。"完全错了，可以说"满拧"。北京的歇后语，有"猴儿吃麻花儿，满拧"。北京口语，差错也可以说"拧葱"或"拧了葱了"。例如："这事可真拧了葱了。"

nìng

佞性（nìng xìng）　小孩子不顺从父母的意见。例如："他就这么佞性嘛，叫他往东，他偏往西。"北京有一句歇后语，是"包老爷的儿子，佞种"。例如："瞧你这孩子，老不听话，简直是包老爷的儿子，佞种。"包老爷指的是包拯。

niú

牛脖子（niú bó zi）　见"性情怊"条。

牛劲（niú jìn）　形容人的力气大，或形容人性情执拗。例如："你真有一股子牛劲。"又如："他又犯牛劲了。"

牛气（niú qi） 讽刺一个人稍有成就，便骄傲起来的意思，但这仅是一种调笑话。例如："小张，你才干了多少活儿，就这么牛气。"

nòng

弄松（nòng song） 做、弄的意思。例如："这个问题，我怎么弄松不上来了。"又如："你早晚把这把锁头弄松坏了。"松念轻声。

弄一脖子麻刀（nòng yì bó zi má dao） 办一件事没办成，反倒招来许多麻烦。这和"打不成狐狸闹一屁股骚"相同。例如："真是想不到的事，为了他我弄一脖子麻刀。"弄字在北京口语里，有时可以念nòu。弄也可以写作闹，念作闹（nào）。

O

ōu

呕呕儿（ōu our） 也有写作傲怄儿的，但从北京语汇的原意上和口语读音上看，写作呕呕儿（第一个呕念阴平，第二个呕念轻声），是比较正确的。呕呕儿的意思，就是极轻微的玩笑，所以多半说作小呕呕儿。例如："我们不开大玩笑，只是有时候凑两句小呕呕儿。"《儿女英雄传》里，就写作傲怄儿，如："原来安太太她姑嫂两个，有个小傲怄儿。"

ǒu

沤za（ǒu za） 沤念上声，za有音无字。意思和酝酿完全相同。例如："天气这么阴阴晴晴的，早晚沤za出一场大雪来。"

òu

沤出病来（òu chū bìng lái） 情绪不开朗而积闷出病来的意思。例如："你这么成天价长吁短叹，早晚沤出病来。"沤后面也可以加副词za。

沤得慌（òu de huang） 水渍得人皮肤不好受的意思。例如："快换下湿衣服，多么沤得慌。"慌字是很字的北京口语读音，沤字念去声。慌念轻声。

沤子（òu zi） 这是北京特有的一种润皮肤的油脂香蜜，类似雪花膏。《红楼梦》："又拿着沤子小壶儿。"现在，这种沤子还在流行着。

P

pā

啪喇（pā lā） 形容声音不响亮。例如："新买的这个大碗，怎么啪喇啪喇的。"又如："你的嗓子都啪喇了，不要再喊了。"

pà

怕怕儿似的（pà par shì de） 第二个怕字念轻声。形容一个人遇事不敢发言、不敢上前、胆小怕事。怕怕两字叠用，有很怕的意思。例如："你怎么这么怕怕儿似的，现在是我们说话的时候了。"

pāo

抛海（pāo hai） 大方、丰盛、富余，但也有乱花钱的意思。例如："今天是星期日，午餐要抛海些。"又如："这个人，花钱这么抛海，是有点不合节约道理的。"海念轻声。

pǎo

跑驰（pǎo chi）　奔走的意思，多用作虚指。例如："这么大年纪，老在外面跑驰可不行了。"又如："你有什么忙不过来的，我替你跑驰跑驰。"跑驰也可以写作"跑哧"。

跑眉毛（pǎo méi mao）　形容一个人太机灵，听别人说话时，不但脑子随着动转，连脸上表情也随着转换。例如："这个人想法太多，满脸跑眉毛。"又如："想什么呢？瞧他直跑眉毛。"

pào

泡啦（pào la）　对于一件工作，不钻研下去，不干下去只是静待后果。例如："他又泡啦，这怎么做得好工作？"这是三十年来的新语汇，是由"泡蘑菇"一个语汇简化来的。

泡蘑菇（pào mó gu）　就是磨蹭、工作不积极的意思。例如："这个人真不好办，遇见什么事都泡蘑菇。"蘑菇另外的意思是纠缠上没完。例如："得，小刘又蘑菇上了。"《龙须沟》："蹬不着钱吧他泡蘑菇。"这里的泡蘑菇，也有纠缠人的意思。另外的意思，见"蘑菇"条。

pěng

捧场(pěng cháng) 替旁人喝彩,帮助旁人办成一件事。例如:"老张为老李这件事,真是尽力地捧场了。"捧场本义是称颂人、帮助人,但再一加上尾巴,就有了反面的意思了。如"捧场架弄事"意思就是某甲为某乙捧场,使一件事发生起来,得到坏的结果。例如:"这是你不对,要不是你捧场架弄事,他就会喝醉了?"场,北京口语念阳平。

pèng

碰瓷儿(pèng cír) 找碴儿,找借口,严重一点就是挑衅。例如:"你别碰瓷儿,我不怕你。"语汇来源,旧社会有一种讹诈人的人,手里拿着破瓷器,故意寻人碰撞,以便撞碎后,作为索要赔偿的借口。碰瓷儿也可以说"讹岔儿""讹词儿",是更早一些的语汇。

pí

皮部擦青(pí bù cā qīng) 说一件事办得不漂亮,或办得没个了结,没法交代。例如:"你这件事办得这么皮部擦青的,怎么见人?"擦字在这句语汇里,也可以念插(chā)。语汇的来源,是人的皮肤受伤,留了痕迹,或尚待治疗的意思。

皮科儿笑科儿(pí kēr xiào kēr) 好说笑话逗趣儿

的意思。例如："这个人，一天皮科儿笑科儿的总是逗人笑。"又如："大家都忙呢，谁有工夫跟你皮科儿笑科儿？"语汇来源，当即戏剧里的"插科打诨"。

皮率（pí shui）　经得住坚苦锻炼的意思。例如："这个人风也不怕，雨也不怕，真是个皮率人。"率不念shuài，念shui。皮率也可以写作皮摔，摔也念shui，都是轻声。

piān

偏了（piān le）　先吃完饭的人对没吃完饭的人说的客气话。例如："您慢慢吃吧，我可偏了。"偏了也可以说"先偏了""偏您了"。

piāo

飘胡（piāo hú）　由高空跌下，或因没坐牢稳，因而跌倒。例如："上这么高的架子，必须带上保险工具，不然弄个飘胡，那就危险了。"又如："你坐着总不老实，看，来了个飘胡不是。"

飘嗖（piāo sou）　形容飘扬、轻快、敏捷。例如："在天空飘嗖着一面大红旗。"又如："你看，跳舞的这些人的脚步儿，多么飘嗖。"飘嗖也可以写成"飘飕"。

piáo

瓢岔儿似的（piáo chàr shì de） 形容东西什物凌乱的样子，古语就是"狼藉"。例如："哎呀，这屋子的东西，怎么弄成这么瓢岔儿似的！"

瓢泼瓦灌（piáo pō wǎ guàn） 形容雨大，古语就是"倾盆大雨"。例如："这么瓢泼瓦灌的大雨，庄稼受得了吗？"

piào

票啦（piào la） 旧时北京人管做不拿报酬的工作叫"玩票"。这个语汇的来源，是二百年前，官家发给一些喜欢演曲艺的官员子弟"龙票"，准许他们演出，但鼓励他们不要收费来表示他们的"清高"。后来，就管这种不要报酬的演员叫"票友"。票友的演出叫"玩票""唱票"。再后来，衍变成凡是做事没得到结果，也叫"票啦"，例如："我想怎么也弄得到一张入场券，哪知道票啦。"《儿女英雄传》用这个语汇时，写作"漂了"，这个漂字，也一定得念票。

piē

撇斜（piē xie） 有讽刺意味的。也有假清高的意思。例如："你有什么说什么，别说撇斜话！"元朝把撇斜说作"古撇"，王实甫的《芙蓉亭》里有："你这般假古撇。"

piě

撇耻（piě chi） 看不起旁人的意思。例如："你甭撇耻人，马上我就赶上你。"撇耻也可以写作"撇哧"或"撇嗤"。这是从"撇嘴"转来的语汇。撇念上声，耻念轻声。

撇外股子（piě wài gǔ zi） 主持公道，说话不偏向自己人，自己范围里的人，便说他撇外股子。例如："这件事他处理得还算公平，可是，小组里有人说他撇外股子。"

撇儿咧儿的（piěr liěr de） 举动轻飘，精神不集中的样子。例如："你端着碗，走道儿这么撇儿咧儿的，留神洒了汤。"也有撇嘴说闲话的意思。例如："干吗撇儿咧儿的，有什么说什么。"

pǐn

品（pǐn） 对人考察的意思。例如："我品透了小朱这个人了。"北京成语有"人品素相"。这是从"品茶""品尝"转来的语汇。

píng

平地抠饼（píng dì kōu bǐng） 指没有本钱或本钱不大

而办成了事的意思。和"白手起家"相近。例如:"张三这种平地抠饼的方法,实在是不容易的事。"

pò

破儿(pòr) 某种蔬菜、瓜果、鱼类上市最旺盛的季节。例如:"到了谷雨节,正是菠菜的破儿。"又如:"黄花鱼的破儿,是在'五一'前后。"

破罐儿破摔(pò guànr pò shuāi) 说一件事已然到了危急境地,非这么做不行了,成功失败在此一举,有点"破釜沉舟"的意思。例如:"事到如今,也只好破罐儿破摔了。"

破说(pò shuo) 详细解说。例如:"你仔细破说破说他,别叫他把这件事放在心里。"

pū

噗哧瞪儿(pū bu dèngr) 北京过去儿童玩具里,有一种用极薄的玻璃制成的小喇叭,名叫"噗哧瞪儿"。《帝京景物略》里叫"倒掖气",因为它极脆弱,所以就转为形容人身体细弱的一个语汇。例如:"这么大风,你这噗哧瞪儿的身子,还跑出来干什么?"

Q

qī

七八不靠九（qī bā bú kào jiù） 连接不上的意思。例如："你说的都是什么话呀，七八不靠九的，许是喝醉了吧。"

七百六十遍（qī bǎi liù shí biàn） 形容次数多。例如："唱了七百六十遍了，怎么也不是味儿。"又如："一句话说了七百六十遍，也不嫌烦。"形容次数多的语汇，还有"一百六十遍""二百遍""一千遍"，但都不如七百六十遍用得顺口。

七叉喀叉（qī chā kā chā） 本来是折劈树枝的声音，转为做事快速的形容词。例如："这么点儿活儿，算得了什么，七叉喀叉一下手就完了。"又如："长江大桥，大不大？可是到了今天的工人手里，七叉喀叉也修成了。"

七股子八挠（qī gǔ zi bā náo） 形容纷乱现象和纷乱心理。例如："这么七股子八挠的，也不知怎么弄的！"又如："这件事，闹得我七股子八挠的，安不下心去。"

七开八到（qī kāi bá dào） 各处找遍的意思。《龙须沟》:"到处找了七开八到,也没找着他。"八到在口语里,也可以说成bà dé。

七十六个不合适(qī shí liù gè bù hé shì) 形容一个人总不满足。例如:"大家对他这么好,他还觉得七十六个不合适。"不合适也可以说"不合算"。"七十六个"是口语中的成数,也可以说"一百二十个不合适"。个可以念轻声。

qí

骑脖子拉屎(qí bó zi lā shǐ) 残酷地压迫人、过分地欺侮人的意思。例如:"那些大恶霸过去都是骑工人脖子拉屎的。"

七杈子八杈子的(qí chà zi bá chà zi de) 形容头绪乱。例如:"这件事弄得七杈子八杈子的,怎么处理?"七字按照北京话发音规律,也是有阴平、阳平两个读法的。紧接七字后面如果不是去声字,七就念阴平qī,如七分(分,阴平)、七成(成,阳平)等。紧接七字后面如果是去声字,那七字必须念阳平qí,如七件(件,去声),七杈子(qí chà zi)。

齐打夯儿的(qí dǎ hāngr de) 形容大家同声歌唱,齐声喝彩。这是从建筑工人打基础时,齐声唱夯歌、喊号子转来的一个语汇。《儿女英雄传》:"看得众人齐打夯儿地喝彩。"

七个八个不认账（qí gè bá gè bú rèn zhàng） 形容一个人总不肯承认自己的错误。例如："明明是他摔了茶碗，可是他七个八个的不认账。"七个八个是口语中的成数。个可以念轻声。也可以说"七百六十个不认账"。

七个八个的（qí gè bá gè de） 形容一个人说话强词夺理，说起来没结没完。例如："七个八个的，理儿都是你的。"又如："说起来，七个八个的没结没完。"完字也可以说作了（liǎo）字。

歧搁（qí ge） 拖延着不解决。例如："这件事不能老歧搁着，应该解决了。"

齐锅夹灶（qí guō jiā zào） 助张声势的意思。例如："你们大家齐锅夹灶地这么一说，倒把我说糊涂了。"又有乱下手的意思。例如："这点木料，谁用谁拿，不能齐锅夹灶地乱抓。"抓也是拿的意思。

骑瞎马（qí xiā mǎ） 走入岔路，走了弯路的意思。例如："这件事，我真骑瞎马了。"另外，引导旁人走岔路、走弯路，叫"给人瞎马骑"。例如："知道不真切的事，别告诉别人，免得给人瞎马骑。"

qǐ

起开（qǐ kāi） 命令人离开这里。例如："起开，别挡住走路。"

qì

气不忿儿（qì bú fènr） 时常爱生气，或有嫉妒心情。例如："他有点事就生气，真成气不忿儿了。"又如："人家得了模范，咱们追上去，干吗气不忿儿！"转为形容凸起的东西。比如，人的头上生的小疙瘩，也叫"气不忿儿"，例如："你头上长的疙瘩不要紧，那是个气不忿儿，过两天就好了。"

qiā

掐弄着（qiā nong zhe） 计算着，节省着的意思。例如："要不是我掐弄着，什么钱干什么，用钱都有一定地方，那月底就该着急了。"弄在这里念轻声。

qiān

迁兑（qiān dui） 换整为零和对付使用的意思。例如："劳驾，这十块钱，您给迁兑些零的吧。"又如："咱们工具不太多，你们迁兑着用吧。"

qián

钱串子（qián chuàn zi） 旧社会指那种有利益就往前跑，见钱就钻的人。例如："钱串子没多大量儿，给他点好处就行了。"又如："这个人真是个钱串子，见利儿就钻。"

钱狠子（qián hěn zi） 旧社会指只知道剥削人，舍不得花钱的人。例如："地主没有一个不是钱狠子的。"另外，对一个宁可生活吃苦，一个钱也不肯花的人，也叫钱狠子，不过用这个语汇时，称赞比讽刺成分大些。例如："嗳，老王真是钱狠子，衣服坏了，也不肯买一件。"

qiāng

呛不吃顺不吃（qiāng bù chī shùn bù chī） 形容一个人脾气别扭，正面规劝，他不接受；反面讽刺，他也不接受。例如："这个人呛不吃顺不吃，真是别扭！"另外一个语汇，和这相同的，是"不顺南不顺北"。

qiǎng

抢脸（qiǎng liǎn） 丢人。例如："丢人抢脸的事我不干。"抢脸是指人跌倒后擦破了脸皮。丢人抢脸，也可以说"丢人洒脸"，"洒脸"也是常用的语汇。

qiāo

敲得（qiāo de） 旧时代教育儿童经常用责打的方法叫敲得。后来，把敲得作为反复教育的意思。是由实用变为虚用的一个语汇。例如："我好容易敲得着，才把这孩子教育出来。"

敲锣边儿（qiāo luó biānr） 说一个人在旁人一件事要

办成的时候,他便锦上添花地说几句赞美的话;反过来,这件事如果眼看办不成了,他便加几句坏话使这件事失败得更快,这种行为,就叫"敲锣边儿"。还有一种说风凉话的意思。例如:"我们说的是我们自己的事,你敲什么锣边儿。"

敲着撩着(qiāo zhe liāo zhe) 一个人对某件事,有不满的心情,但不直接说出来,只从旁一言半语地、闲言淡语地说些讽刺话,或做些不满意的姿态。例如:"现在咱们说话,是有话讲在当面,谁有错误,都可以批评,不兴那敲着撩着地说话了。"又如:"你问我什么叫敲着撩着,告诉你,敲着撩着就是说怪话儿。"

qiǎo

悄默声儿(qiǎo mò shēngr) 小声或不出声。例如:"他们俩在悄默声儿地说话,谁也听不见。"又如:"你悄默声儿地去瞧瞧妈妈睡了没有。"悄在这里念上声。

qiào

撬头儿(qiào tour) 菜食中的配合部分,又叫配码。例如:"这个炒肉片,撬头儿太多了。"

qié

呿刻(qié ke) 揭发人的短处,但这种短处并不是什么大的缺点。例如:"我就吃过你一个馒头,你就来哒刻人。"哒刻也可以说"揭根子",只有轻重不同的分别,揭根子重些,哒刻轻些。

茄子(qié zi) 茄子本是蔬菜名,但用在语汇里,却是一个开玩笑式的轻微誓言。例如:"我要是骗你,我是茄子。"

qiě

且(qiě) 指距离尚远,时间尚早。例如:"且远着呢。"又如:"这顿饭,且吃不完呢。"又如:"现在活儿忙,做一件衣服,且得不了呢。"且还有"从哪里起"从字的意思,例如评书开头用"且说",北京话里,也有"我且(从)心里不爱他嘛。"又如:"我且(从)心里不乐意去。"代替从心里从字用的且,还可念jiě。

qìn

揿头拍子(qìn tóu pāi zi) 形容人不懂人情,只顾自己,自私之外还加上些保守成分。这个语汇的来源是:北京人管席或板子搭的棚子,叫作拍子,前低后高的拍子叫揿头拍子,揿头拍子的拍子头是永远向里看的,所以这个语汇全文是"揿头拍子头朝里",也可以说"揿头拍子头朝下"。例如:"一个人做事,应该看看人家,看看自己;揿头拍子办事,是不行的。"

qīng

轻省（qīng sheng） 事情比较简单,或东西重量不大的意思。例如:"我的活儿挺轻省。"《红楼梦》:"想这件生意倒还轻省。"省念轻声。

轻下儿惹重下儿（qīng xiàr rě zhòng xiàr） 是说一个人以很轻微的动作,打击了旁人,引起对方重大的还击,表示划不来的意思。例如:"你捅他一下做什么?你不捅他,他就打你一拳了?轻下儿惹重下儿,活该!"

qìng

亲家（qìng jia） 儿女姻亲叫作亲家,北京口语念亲为qìng,如庆字音,不念本音qīn。这个语汇的读音,来源很古,唐诗人卢纶《王驸马花烛》诗:"人主人臣是亲家。"亲字也当作去声念。这本是一个普通语汇,但为证明北京口语音有来源很古的,所以保留下来。

qiúr

球儿嘎儿的（qiúr gǎr de） 形容东西的小或不成材料。例如:"弄来这么一堆球儿嘎儿的小苹果,叫我怎么办。"球儿嘎儿也可以说"球球蛋蛋"。

qū

觑忽（qū hu） 眼皮半闭,视力集中的样子。例如:

"这张地图,他觑忽着眼睛,瞧了半天。"觑忽也可写成"觑合"。

曲溜儿(qū liūr) 弯曲不直。例如:"你画得这么曲溜儿拐弯儿的,怎能算个直线。"又如:"你这个头发,怎么直打曲溜儿。"

qǔ

娶媳妇打镲没咚咚(qǔ xí fu dǎ chǎ méi dōng dong) 旧时候结婚,应有鼓乐,只有穷人结婚,光打一对镲(钹),而没有咚咚的鼓响。后来,便用这句话形容人没有钱。例如:"玩去,没我,我是娶媳妇打镲没咚咚。"

qù

去了咳嗽添了喘(qù le ké sou tiān le chuǎn) 形容一件事做好了,另外一件事又做坏了。例如:"你只顾贪凉快脱衣服,看受了风没有?真是去了咳嗽添了喘。"又如:"这辆自行车,刚紧好了条,瓦圈又掉了,真是去了咳嗽添了喘。"

漆黑的(qù hēi de) 就是很黑(加重语气)。例如:"这孩子的脸,晒得漆黑漆黑的。"漆在这里不念妻(qī),念去(qù)。

趣青(qù qīng) 颜色很青。《红楼梦》:"脸皮趣青。"趣念去声。

quē

缺脚万儿（quē jiao wànr） 拿缺点做口实，叫"缺脚万儿"。拿旁人的缺点，作为说话的材料，叫"拿人的缺脚万儿"。例如："谁都有缺点，谁也不能拿人的缺点永远当缺脚万儿，说上没完没了。"脚念短轻声。

R

ráo

饶街上(ráo jiē shang) 满街上的意思。饶字与"可"字用法相同。例如:"饶街上跑。""饶街上都是人。"饶街上也可以写作"绕街上",饶是满了,绕是走遍,意思一样。绕在这里,也念口语音阳平。

饶一个(ráo yí gè) 另外再添上一个的意思。旧时买东西,除了照价买好的东西之外,习惯再添上一个,叫作"饶一个"。例如:"你买五个柿子,饶你一个。"这一个叫"饶头"。另外,不应该两个人去办的事,而去了两个人,也叫饶一个。例如:"这么点事,还用两个人去,这不是买一个饶一个吗?"个可以念作轻声。

饶一面儿(ráo yí miànr) 不应该再讲面子的事,而再向对方讲面子,结果仍是吃了对方的钉子,叫作"饶一面儿",也叫"白饶一面儿"。例如:"昨天你得罪了他,今天你又赔礼,这不是饶一面儿。"

饶着(ráo zhe) 不但的意思。例如:"饶着你做错了事,还不许旁人提意见。"《红楼梦》:"他饶着不挑，反倒把他的女孩儿送到别处去。"饶又有尽管的意思。《红楼梦》："饶这么着，还有人说闲话。"

rào

绕脖子（rào bó zi） 转着弯儿说话，转着弯儿办事的意思。例如："咱们有什么说什么，谁也不许绕脖子。"北京成语："仙鹤打架绕脖子"。"绕兑人"和"绕脖子"相同，但比绕脖子严重一些，含有欺骗人的意思。

绕搭（rào da） 用不正当手段，诓取别人的东西，但没有蒙骗严重。例如："他花说柳说，到底把我的一块泡泡糖绕搭去了。"

绕手（rào shǒu） 不好处理的意思。例如："这件事，真有点儿绕手，等我好好想想。"绕手和挠头一部分意思相同，见"挠头"条。

绕着扣儿了（rào zhe kòur le） 一时思索不开一件事的道理。例如："这个道理我知道啊，怎么绕着扣儿了，老弄不明白。"又如："你别绕着扣儿了，死了的人活不了，还是往你个人的工作上多想想，甭想她了。"

rè

热火（rè huo） 形容东西热。例如："这个饼挺热火。"也可形容两个人感情好。例如："他们两个人，感情挺热火。"又《儿女英雄传》："我才听得老哥儿俩一见就这样热火。"也可形容气氛热烈。例如:"大伙儿说得可热火了。"这个火字是轻声,不能念本音(huǒ)。如果是"热火朝天"的火,就念本音上声了。

rēng

扔崩了(rēng bēng le) 见"走了"条。

扔哒着(rēng da zhe) 没人管的意思。例如:"这个老头儿的病,多亏大伙儿这么关心,要是扔哒着没人管,那就危险了。"又如:"这么大堆的铁料,在院子里扔哒着,那不全都锈坏了。"

扔了(rēng le) 本意是抛弃的意思。北京人管小孩子死掉,也叫扔了。例如:"没想到,你们那个可爱的小宝宝会扔了。"放下不再做,叫"扔下了"。例如:"我太忙,钓鱼这件事我扔下了。"扔下日久,不再熟练,叫"扔生了"。例如:"照相这事,我简直扔生了。"扔下了、扔生了,也可以说"搁下了""搁生了"。

rī

日崩了(rī bēng le) 见"走了"条。

日了(rī le) 见"走了"条。

rì

日咕(rì gu) 随便乱放或随便乱吃。例如:"你把我笔记本日咕哪儿去了？"又如："要正经地吃饭，别胡日咕。"和日咕相同的，还有"入咕（rǔ gu）""塞咕（sāi gu）""塞咕（sēi gu）"三个语汇，用法一个样，但入咕不能用在随便乱吃上。

日子有呢（rì zi yǒu ne） 来日方长的意思。例如："年轻轻的忙什么，结婚的日子有呢。"《红楼梦》："隔着二三十里，哪里带去，见的日子有呢。"如果有了具体日子，但还没到这日期，也可以说"有日子呢"。例如："做年菜忙什么，离年还有日子呢。"

rōu

rōu了（rōu le） 见"走了"条。

róu

揉搓（róu cuo） 有用手揉东西和用语言或行动迟缓逗人发急两个意思。例如："这件衣裳不太脏，稍微揉搓揉搓就行了。"又如："你有话又不说，嘿嘿地假乐，这么揉搓人可不行。"前一例的搓字，念ca，后一例的搓字，可以换成磨（mo），都是轻声。

ròu

肉头（ròu tou） 食物柔软没有脆劲，叫作肉头。形容人容易上别人当，也叫肉头。例如："这个桃儿一点儿都不脆,太肉头了。"又如:"你怎么这么肉头,他叫你请客,你就请客,真是怪事!"第二例的头字,江浙人念阳平,北京人念轻声。

还有一个用法,单用肉字,是皮慢的意思。例如:"你干一件事老是这么肉,没紧没慢的快把人急死了。"

ruǎn
软鼻涕儿似的(ruǎn bí dìngr shì de) 形容人的疲乏,人的性格柔弱,东西的柔软。例如:"今天把我累得软鼻涕儿似的了。"又如:"你的性子这么软鼻涕儿似的经不起风险,好好锻炼锻炼吧。"又如:"这盆面和得这么软鼻涕儿似的,怎么烙饼。"这里的涕和儿合音,应该念成定字儿化。

S

sā

撒村（sā cūn） 骂野话的意思。例如："这么大的人，怎么撒村哪！"另外，有"村出去"一个语汇，村出去就是骂出去的意思。

仨打俩（sā dǎ liǎ） 形容人发急。例如："老邢这是仨打俩的办法，还得考虑考虑。"又如："小吕仨打俩是真急了。"北京有一个歇后语："仨打俩，真急。"

撒开了（sā kāi le） 尽量、没拘管的意思。例如："撒开了一跑""撒开了这么一吃""撒开了一提意见"。明人沈榜写的《宛署杂记》："放开曰撒。"

仨mo儿油俩mo儿醋（sā mor yóu liǎ mor cù） 形容事情的小。例如："大事是要请示领导，仨mo儿油俩mo儿醋的事，就应该根据原则自己处理。"mo轻声，有音无字，从四十年前，还用制钱时的北京人口语来研究，知道这是指古代铜制钱说的，制钱有字的一面，叫字儿，没字的一面，叫幕儿（读作莫儿）。1932年，章太炎先生在北大研究院讲"广论语骈枝"，曾用铜钱（泉刀同）解释"文莫吾犹人也",说:文是字儿,莫是幕儿,很有些道理。

仨窝窝俩枣儿(sā wō wō liǎ zǎor) 形容一种东西所值不多,又转为草率马虎的意思。例如:"你别仨窝窝俩枣儿地看一个大头针,多了也是钱呢。"又如:"干什么事,都应该有头有尾,不能仨窝窝俩枣儿就完了。"

撒鸭子了(sā yā zi le) 见"走了"条。

撒呓怔(sā yì zheng) 本意是说梦话,转为讽刺人胡说话。例如:"你怎么说着说着话,又撒起呓怔来了。"

sà

萨其码(sà qí mǎ) 北京的一种糕点。萨其码是满族语的译音,原意是用狗奶蘸成的糕点,现在已改用牛奶或奶油。

sān

三百三六百六(sān bǎi sān liù bǎi liù) 说话没个了结。例如:"他三百三六百六的,说上没结没完。"还有一个含义,是自己夸张自己。例如:"你听吧,他又三百三六百六地夸功呢。"

三六九等(sān liù jiǔ děng) 对人和事物的不平等看法。《红楼梦》:"只不过这会子输了几两银子,你们就这么三六九等的了。"

三面刀儿四面斗儿(sān miàn dāor sì miàn dǒur) 说

一个人有本事。例如："老丁真有个三面刀儿四面斗儿的,这么绕手的活儿,会做得很好。"又如:"没个三面刀儿四面斗儿的,还敢称武术家。"北京评书里,常说这个语汇。

三青子(sān qīng zi)　形容人说话不和平,句句话有挑毛病、挑衅的意思。例如:"你怎么一说话就犯三青子,这别人怎么还敢跟你说话?"又如:"咱们好好说话,谁也别犯刺儿,谁也别犯三青子。"三青子也可以说"三青子四棱子"。

sánr

sánr　这是个还找不到借用字的有音无字语汇。意思是说人态度不严肃或衣服不整洁。例如:"这么隆重的大会,你怎么sánr sánr的。"又如:"瞧你穿的这个sánr。"sánr是阳平儿化。

sāng

桑梆(sāng bang)　不光滑、不柔软的意思。可以形容东西。例如:"你买的这双鞋,怎么这么桑梆,也许穿些日子就柔软了。"也可以形容人的性格。例如:"这个人性情就这么桑梆,心地可是很善良的。"也可以形容人的表情。例如:"今儿你怎么这么桑梆,有什么不顺心的事吗?"

sǎng

搡（sǎng） 推出去，但有由于自己不要，而推给别人的意思。例如："你怎么又把酒搡给我了，我都快醉了。"又互相推让，通常说作"推推搡搡"。《顺天府志》引《宁河关志》："搡，推击也。"

sǎo

扫听（sǎo ting） 和打听差不多，但不径直找人询问，只是从旁听人说。例如："你去扫听扫听咱们车间有没有得红旗的希望。"北京语汇里，和扫听一个意思，而更形象化的，是"拿耳朵沾一沾"。例如："你去拿耳朵沾一沾，咱们厂子开庆祝大会有信儿没有。"

sào

臊礼儿（sào lǐr） 自谦送人的贺礼太薄，不过遮遮羞脸。《儿女英雄传》里写作"臊脸礼儿"，邓九公说："我们爷儿俩，还有臊脸礼儿。"

sè

啬克子（sè ké zi） 十分吝啬的人，悭吝人。例如："《儒林外史》里的严监生临死还忘不了油灯里的两茎灯草，真是个标准的啬克子。"

啬则儿（sè zér） 烦琐的生活排场。例如："地主、资本家吃饭必须后喝汤,盘碗必须摆正了才吃,吃完饭必须剔牙……工农大众就没这些啬则儿。"啬则儿在口语里,也可以说成sē mór。

啬账(sè zhàng)　欠人钱经人索要多次也不肯还。例如:"这个人欠账不还,跟他要他也不给,真会啬账。"有人把啬账的人叫作"啬账鬼"。

sēi

塞牙(sēi yá)　原意是吃东西塞住了牙缝,但另外一个解释,是话说得尖锐、生硬,和"噎人(yē rén)"差不多。例如:"你真是会说话的,句句塞人牙。"塞不念本读音sāi,念口语音sēi。

sēng

僧(sēng)　慢走的意思。例如:"这么远的路,你这么慢慢儿僧,什么时候到呀?"又如:"人家都迈着大步儿走,你怎么反倒僧起来了。"语汇的来源不详,在文字上,僧字没有做动词、形容词的用法,而且僧字还是梵文译音,作为动词、形容词用,只有北京语汇才有,或者是"蹭"字音近,转成的口头语汇。

shā

杉篙(shā gāo)　本指细而长的杆子,用来形容人身量细高。例如:"这个人长得细高细高的,真像杉篙。"清人笔记小说《夜谈随录》里,有"嵩杉篙",即形容姓嵩的人身量细高。

杀口(shā kǒu) 味道浓厚。例如:"今年咱们社结的这些京白梨,真是杀口甜。"这个味道浓厚,只能指香甜,不能指酸、辣、苦。杀口也可以说作"杠口儿"。例如:"这个枣儿真是杠口儿甜。"杠本字应该是岗,但念杠的音(gàng)。

shǎ

傻骆驼(shǎ luò tuo) 这是用怜爱、亲昵的语气,称自己所喜爱的人。例如:"我这个小孩子,真是傻骆驼。"《骆驼祥子》里,虎妞说祥子:"你真是个傻骆驼。"

shāi

筛海(shāi hai) 见"车喝"条。海念轻声。

shǎn

闪展腾挪(shǎn zhǎn téng nuó) 随机应变的本领。例如:"一个人总要有个闪展腾挪,才能应付得了这种细致复杂的工作。"

shàn

善乎（shàn hu） 好，不厉害。例如："这位老大娘挺善乎，儿媳妇们都说婆婆好。"这种形容人好，不厉害的善乎，也可以说"善静"。反过来，是"不善乎"，多半用在形容天气上，例如："蓝瓦瓦的天，一点风没有，瞧吧，热起来准不善乎。"

shàng

上药儿（shàng yàor） 不正当的、隐秘的恭维人。例如："咱们大家，是有什么说什么，谁也不许给谁上药儿。"给人上药儿的人，不外三种意图：一是故意恭维人，以便达到自己的希望；二是表面恭维人，实际希望起到贬低人的作用；三是刺激人。

上座（shàng zuò） 上座就是坐首席位子。例如："请您上座。"但如果座字儿化，就是说影院、剧院到的观众了。例如："上座儿不少""正上座儿的时候""座儿没上满"。"上"是到的意思。座儿又指椅凳坐具。例如："这里没个座儿，我站着吧。"

shāo

烧包（shāo bāo） 形容一个人有了钱不知道怎么处理才好的样子。例如："小王才领了奖金，就烧包起来，又要看戏，又要看电影。"烧包也可以说"钱烧的""烧得慌"。

烧盘儿（shāo pánr） 种牛痘后，痘的四周有红晕，叫作烧盘儿，转为因为不好意思而面部发红。例如："搞对象有什么不好意思的，干吗烧盘儿呀。"

烧着（shāo zhe） 用好话恭维人，或用风凉话讽刺人，使人去做一件事。例如："不管你怎么烧着我，我也不去和你喝酒。"烧着也可以说"烧人"。

sháo

勺刀（sháo dao） 说话着三不着两，不应该说笑话的场合而说笑话的意思。例如："这个人说话就勺刀。"又如："这么严肃的大会，他会这么勺勺刀刀的。"

shào

少相（shào xiang） 说人年岁大而相貌看起来年轻。例如："您真长得少相，哪像五十岁的人，说三十岁也有人信。"相字不但念轻声，而且说起来很像"兴"的音，所以被人说作少相的人，常常用"少相什么，快成（绍兴）酒坛子了"来作为玩笑式的回答。

shē

舍咧儿（shē lièr） 形容人行动过于随便，毫不严肃。例如："这个人真是大舍咧儿，什么也不在乎。"舍咧儿前面总加大字，舍咧儿也可以说成"舍舍咧咧"。舍不念上声，念阴平。舍也可以写作奢。

shě

舍着身儿（shě zhe shēnr）　把有利地位让给对方，自己处于不利地位。这是从武术上来的一个语汇。例如："你这武术练什么劲儿，你一动手，就舍着身儿给人家了，那还有不挨揍的。"

shēn

深沉（shēn chen）　指事情的重要性。例如："你不要乱问，这件事一定有个深沉。"也可以形容人胸有城府。例如："这个人老是想事情，不爱说话，一定是个深沉人儿。"第一例的沉，可以儿化。

伸腿瞪眼儿了（shēn tuǐ dèng yǎnr le）　见"死"条。

shén

神叉棍子（shén chā gùn zi）　形容人与年龄不符地过分聪明，又形容老人精神与年龄不符地过分旺盛。例如："这个孩子，什么都知道，神叉棍子似的。"又如："这个老头儿，八十多了，还神叉棍子似的东一把西一把地乱抓。"

shèn

渗凉儿（shèn liángr） 形容天气寒凉，使人感觉出来身上发冷，但还不到寒噤的程度。例如："今天刚下这么点儿雪，就觉得这么渗凉儿渗凉儿的。"又夏天在背太阳地方坐着，感觉到的凉爽，说"阴凉儿阴凉儿的"，阴念去声，读作印。渗凉儿的反面是"闷热"。

渗人（shèn rén） 令人可怕的意思。例如："这么长的大蟒，真怪渗人的。"《红楼梦》："越躺着越发起渗来。"

shēng

生发（shēng fa） 发旺的意思。例如："这个工厂，越搞越生发。"

生分（shēng fen） 疏远的意思。例如："这么一来，不是显得咱们就生分了吗？"分念轻声，近乎份字的音。

shī

拾翻（shī fan） 翻弄寻找的意思。例如："你找东西，别把书架子拾翻乱了。"又已然平息下去的口舌，想起来又说，也叫拾翻。例如："你们这个纠纷，已然解决了，还拾翻什么呢。"这个拾翻也可说"吵翻"。拾翻和兜翻意思相同。拾、吵都念阴平。

失身儿（shī shēnr）　失身和"舍着身儿"意思差不多，全是失掉有利地位的意思。例如："你这样搞工作，失着身儿呢，一定要失败的。"还有受损失的一个意思。例如："一件事，必须考虑考虑是不是失身儿，以免受损失。"失身儿也可以说"丢身儿"。

shí

拾不起碴儿来了（shí bù qǐ chár lái le）　想不起过去的某一件事，或这件事极小，不值得再去提起的意思。例如："你说的这件事，我都拾不起碴儿来了。"又如："拾不起碴儿来的这么点小事，不用提它了。"碴儿是瓷器打碎后的碎渣子。

拾不起个儿来了（shí bù qǐ gèr lái le）　细小到算不上数的意思。例如："像我这样一个工人，在旧社会，就拾不起个儿来了，可是今天却当了国家的主人。"

实落（shí lou）　实在的意思。例如："这小伙子是个实落人。"又如："这个桌子做得可真实落。"这里的落字念lou轻声。

实拍拍（shí pāi pāi）　说一个人工作踏实认真。例如："自从建立了人民公社，张大伯就实拍拍地做他的养猪工作。"实拍拍在元曲里写作"石碑丕"，乔吉写的《金钱记》里有："石碑丕将肺腑剖。"也写作"实丕丕"，王仲文写的《救孝子》里有："实丕丕的词不准信。"

十指露缝（shí zhǐ lòu fèng） 说一个人办事漂亮，不隐瞒真相，有什么都摆出来给大家看。例如："这个人办事十指露缝，不藏着不掖着。"

shì

是非兜儿（shì fēi dōur） 喜欢搬弄是非的人。例如："什么口舌，都打他这儿起来，他真是个是非兜儿。"是非兜儿也可以说"是非篓子"。

shōu

收园结果（shōu yuán jié guǒ） 是说一件事的最后结局。是从果园收获果子转来的。不过，收园结果念快了，园字便成了短轻声，读音接近"收因结果"，因之，就附会到因果迷信上去了。并且把这句语汇局限到专指人事方面，迷信色彩就更浓厚了。但如果按照本读音，写成、念成"收园结果"，还是一句健康的语汇。元曲里无名氏写的《赚蒯通》里，有："这的是收圆结果。"这里园字写成圆字。

shǒu

手欠（shǒu qiàn） 说人喜欢摆弄东西，摆弄的结果，又常常是损坏了东西。例如："你这孩子真手欠，你看你这么一鼓捣,钟不走了不是?"

shòu

受得下(shòu de xià) 能盛受容纳的意思,北京口语里,常用这个语汇。例如:"人民大会堂受得下一万多人。"又如:"这个瓶子受得下一斤半酒。"古诗文里,也有这种用法,杜甫诗:"野航恰受两三人。"

瘦死羊肝儿肉(shòu sǐ yáng gānr ròu) 意思是不管羊肝多么瘦,实质也是肉类,转用来指人的本来面目。例如:"你别看他现在不怎么样,瘦死羊肝儿肉人家也是个排球运动员呢。"

shū

书篓子(shū lǒu zi) 久听评书,什么评书都听过,什么评书都懂的人,叫作"书篓子"。例如:"书篓子一来,说书的都得加三分小心,怕挑毛病啊。"久听戏的,什么戏都懂,叫"戏包袱"。

舒坦(shū tan) 舒服的意思。例如:"这顿饭吃得可真舒坦。"又如:"人不怕劳累,能睡个舒坦觉就解乏了。"这个语汇,如果在开玩笑时,坦也可以不念轻声,重读本音上声,例如:"嚄,你真舒坦啊!"

shǔ

数落（shǔ luo） 轻微而亲切地责备。例如："别淘气，看爸爸数落你。"另外还有一个即将消灭的语汇"上落"，过去一个新媳妇的母亲，来看女儿的时候，婆母必然用讽刺口气指出新媳妇不必要的缺点，来讽刺亲家母没有家教，叫作上落。例如："我到女儿家去一趟，就得挨一通儿上落。"这个语汇，已然没人说，但有人能懂，记下，供研究社会资料的人参考。

数灭（shǔ miè） 说一个人在不应该失败的情况下失败了；或说一个人的成绩被埋没了。例如："这么一个人，会乌焦巴弓地数灭了。"又如："老张的能力不错，别数灭了他。"数念上声，灭也可以念轻声。这是从回族语借用来的语汇。"乌焦巴弓"见另条。

shuā

刷了（shuā le） 不做了。这是从刷锅以后，不再做饭转来的语汇。例如："你不用叫我办这件事了，我刷了。"北京旧时代成语有"刷了勺了""刷了勺，不伺候你了""刷了勺不做了"，"做"在这里念奏（zòu）。

刷下来了（shuā xià lái le） 旧社会里工作人员被辞退，学生被学校开除，或是参加某种考试没有被录取等都可以说"被刷下来了"。还有告状的意思。例如："他上法院把我刷下来了。"

shuǎ

耍布人儿的（shuǎ bu rénr de）　旧社会没有职业，而生活排场像个所谓中上阶层人士，人便称他耍布人儿的。例如："你别看他出门车马人儿，原来他是个耍布人儿的。"这个语汇，即将随着社会的改变而消灭了，保存以做社会资料。布读轻声。

耍杈（shuǎ chā）　捣乱的意思。例如："我这儿正忙呢，没工夫和你耍杈。"又如："咱们办正事，谁也不许耍杈。"耍杈是北京的一种游戏，在民间音乐舞蹈里，名叫"开路"，是闲来无事才耍着玩的。另外一个语汇"耍着玩儿"，也是耍杈的意思。

shuāi

摔打砸拉（shuāi dǎ zá lá）　重体力活的意思。例如："他有力气，什么摔打砸拉的活儿都能做。"拉念阳平。

摔簧（shuāi huáng）　不直接说出自己的意思，但要旁人知道自己的希望，说文言就是"扬言""取瑟而歌"。例如："小五儿摔簧呢，他是想吃蛋炒饭了。"又如："他说这话，你别吃心，他这是摔簧呢，是给那个小伙子听的。"另见"吃心"条。

shuǎi

甩开了腮帮子（shuǎi kāi le sāi bāng zi）　形容人吃

东西狼吞虎咽的姿态，这个语汇可实用也可虚用。例如："老邢甩开了腮帮子足这么一吃。"又如："这柿子这么便宜，甩开了腮帮子吃，能吃多少钱呢。"

shuàn

涮人（shuàn rén） 订约会不到，把人骗了的意思。例如："电影票都给你买了，你怎么涮人没去呀。"又如："咱们可不带涮人的，说来可一定来。"

shuǎng

爽得（shuǎng de） 直接的、索性的意思。例如："这个工作，你们不必抢，爽得我做得了。"

shuàng

双爷儿们（shuàng yér men） 社会上指朋友里有祖孙辈分的双方为双爷儿们。例如："老于和小丁，还是双爷儿们呢。"双念去声，这是过去北京内城东半部的念法，西半部仍念本读音阴平。这种差别的"双"字读音，近来已经消除，仅在这个语汇里，"双"还念去声。

shuǐ

水出来了（shuǐ chū lai le） 慢慢盘问，借话引话地探到真情的意思。例如："他的那些不对头的想法，让我水

213

出来了。"

水剌巴唧（shuǐ lā bā jī） 形容果品不甜或食品水分过多。例如："这甜瓜水剌巴唧的，吃什么劲儿。"又如："捞饭要控净了汤，要不然，水剌巴唧的就不好吃了。"

水着（shuǐ zhe） 躲着。仿佛鱼在水中洄游，不敢贴岸似的。例如："近来他为什么老水着我，得便你问问他。"

shùn

顺脚儿（shùn jiǎor） 顺便的意思。例如："你到东郊去，顺脚儿把这封信带去。"顺脚儿也可以说"捎带脚儿"。

顺毛驴儿（shùn máo lǘr） 形容一个人吃软不吃硬。例如："这孩子脾气是顺毛驴儿，你越厉害他越不听你的。"

顺舌（shùn shé） 听从意见的意思。例如："他就是拧着不顺舌吗？"又如："他一顺舌，这事就好办了。"又如："他现在顺了舌了。"顺舌也可以说"顺把"，顺了舌说"顺了把"。

顺手儿（shùn shóur） 顺便拿过来或附带办一件事。例如："你离着近，顺手儿把火柴递给我。"又如："这么点事，你顺手儿就办了。"又如："你出去，顺手儿把门带上。"如果顺手儿把别人东西拿走了，人们就说他是

"顺手牵羊"。

顺序（shùn xu） 吉利，没遇到横逆。例如："人民的生活，越过越顺序。"《骆驼祥子》："图个顺序。"反过来说，不吉利，遇到横逆，就说"不顺序"。《骆驼祥子》："好好的日子，可别自找不顺序。"

shuō

说了归齐（shuō le guī qí） 总起来说，归根到底的意思。《龙须沟》："说了归齐，还是人多好办事儿。"

说山（shuō shān） 有说大话、信口开河和有意说给某人听三个意思。例如："咱们谁也不许说山，要以实为实的，有什么说什么。"又如："听，他又说上山了，没人信他这一套瞎话。"又如："你甭说山，反正我不往心里去这件事。"

sī

撕罗（sī luo） 分析、处理、调解等意思。例如："这个问题，我得好好撕罗撕罗。"又如："你先去，等我撕罗完这点事就赶了去。"罗也可以写作啰或掳。《红楼梦》："还不快作主意撕掳开了罢。"

sǐ

死（sǐ） 当然是指人或动物停止了呼吸，心脏停止了跳动。但北京话里对于一个人的死却有许多特别的说法，而且有些很形象化。简列如下：

①打老鸹了（dǎ lǎo gua le）　老鸹就是乌鸦，乌鸦被打下，自然是死了。

②告假了（gào jià le）　永别的意思。

③过去了（guò qu le）　普通一般人在严肃的场合说死。例如："李二大爷昨天过去了。"

④没熬过来（méi áo guò lai）　以惋惜的口吻，对死者家属说话。例如："唉，叔父到底没熬过来啊。"

⑤乌程了（wū chéng le）　回族人说死。（民族语汇）

⑥回去了（huí qu le）　一般说死。

⑦回克了（huí ke le）　克是满族语去字。

⑧老了（lǎo le）　不直接说死。《红楼梦》："以备京中老了人口，在此停灵。"

⑨撂挑子了（liào tiāo zi le）　放下了担子，也是说死。

⑩撂了（liào le）　撂挑子的简化。

⑪撂条货了（liào tiáo huò le）　条货说的是筵席用的肉类，撂条货了，就是成为食用的肉了。转借为死。

⑫眼儿猴了（yǎnr hóu le）　掷三个骰子，以六猴赢到头，眼儿猴输到底，转为说死。

⑬踹腿了（chuài tuǐ le）　从死时形象说死。

⑭踹了（chuài le）　踹腿了的简化。

⑮伸腿瞪眼儿了（shēn tuǐ dèng yǎnr le）　同⑬。

⑯膈儿屁着凉了（gěr pì zháo liáng le）　意义不详。但说这个语汇的人，总是一仰头，表示打膈儿，同时一拍臀部，表示放屁，跟着说："刘三，膈儿屁着凉了。"膈在这里不念阳平，念上声儿化。

⑰膈儿屁了（gěr pì le）　膈儿屁着凉了的简化。

⑱膈儿了（gěr le）　膈儿屁了的简化。

⑲吹灯拔蜡了（chuī dēng bá là le）　人事完了的意思。

⑳吹台了（chuī tái le）　完了戏的意思，表示人生完结。

㉑吹了（chuī le）　同上。

㉒吹归了（chuī guī le）　同上。

㉓吹挑子了（chuī tiǎo zi le）　和吹台了相同。从前剧场散戏时，吹一声喇叭，这个喇叭叫挑子，也可以写成铫子。

㉔玩儿完了（wánr wán le）　停止活动的意思。

㉕骆驼上车了（luò tuo shàng chē le）　死骆驼才能装上车，运往汤锅宰割，转为说人的死。北京歇后语："骆驼上车，就是这么一个乐儿了。"

㉖翻白眼儿了（fān bái yǎnr le）　从死时形象说死。

㉗完蛋了（wán dàn le）　不可挽救的意思。

㉘听蛐蛐儿叫唤去了（tīng qū qur jiào huàn qù le）说人埋在地里，只能听蟋蟀叫。

㉙听拉拉蛄叫唤去了（tīng là la gǔ jiào huàn qù le）拉拉蛄就是蝼蛄，说人埋在地里，只能听蝼蛄叫。

这些关于"死"的语汇，大多数是群众口头创造的。

死把（sǐ bǎ）　手紧握东西想放而不能放，这多半是由于人在受惊吓以后引起的动作。例如："他手里拿着鞭子，刚要放下，忽然听见砰的一声炮响，倒把鞭子攥了死把了。"把字绝对不能儿化。

死眉瞪眼（sǐ mei dèng yǎn）　本为形容人面目呆板，没有生气，不活泼等，也转用来形容其他东西。例如："这张画，我怎么看它怎么死眉瞪眼的。"又如："这屉馒头，蒸得怎么这么死眉瞪眼的，一点儿不发势。"

死乞白赖（sǐ qi bái liē）　意思是一定要这么做。例如："不让他去，他死乞白赖地要去。"白字可以念阴平，赖在这里不念本读音（lài），念口语音咧（liē）。

死qiǔ活磨（sǐ qiǔ huó mó）　形容苦干的精神。例如："他白天黑夜死qiǔ活磨的，真把这件事搞成功了。"

死秧（sǐ yang）　一个人不灵活、不好和人来往，叫作"死秧"。例如："这个人真死秧，见着谁也不说话。"从死秧转成为"死羊眼儿"。如果指这种死秧的人，就说"死秧子"。如果形容人不爱说话，就说"死鱼不张嘴儿"。秧可以写作䄢。

sì

四的（sì dì） 周全、周到、合适的意思。例如："这件事办得真四的。"又如："你真会办事，这间屋子布置得挺四的。"的念dì，而且重读。

四海（sì hai） 和气周到，不在小节上计较。例如："老张头对待人可真四海，谁都跟他说得来。"海念轻声。

四棱见线（sì léng jiàn xiàn） 本意是形容木材见方，棱角显然，转为形容人办事真实，使人信服。例如："他这人是可靠的，办起事来，总是四棱见线，挑不出毛病来。"

四六不成材（sì liù bù chéng cái） 原意是材料零星，不够做什么东西，转为形容人不图上进。例如："你这么四六不成材的，将来怎么好呢？"

四六句儿（sì liù jùr） 原意是说骈体文的声调铿锵，在北京话里转为用若明若暗的话讽刺人。例如："他这么一片的四六句儿，可真够我受的。"四六句儿也可以说"四六句子"。

四山五岳（sì shān wǔ yuè） 各处的意思。例如："为了这个配件，我四山五岳地这么一找才把它买到。"

四五不靠六（sì wǔ bú kào liù） 形容说话不着边

际，没有条理。例如："你这人怎么说话呢？四五不靠六的。"六字有时可以儿化。东西乱摆，也说四五不靠六。

sōng

松泛（sōng fen） 身体精神轻松舒适的意思。例如："脱了一件衣服，身上才松泛了一点儿。"又如："车上人一少了，就显着松泛了。"《红楼梦》："才他老子拘了他这半天，让他松泛一会儿吧。"泛字不念本读音fan，念口语音fen。

sōu

馊主意（sōu zhú yì） 不高明的主意、坏主意。这是从饮食品有了馊味，即将腐败来的。《龙须沟》写作"嗖主意"："别净出嗖主意。"

sū

酥了（sū le） 事情坏了，比"夯了""鼓了"程度更严重，到了不可收拾的地步。例如："这场变戏法，本来是很好，让他这么一净说不练，全酥了，真是糟糕。"

suī

尿合（suī he） 形容人被惊吓后的神情，如不敢言语，不敢动，甚至瘫倒。例如："这一下子，把这些人都给吓尿合了。"又如："他尿合到那儿，站都站不起来了。"

suí

随坡儿打躺（suí pōr dǎ tǎng） 本为随地躺卧的意思，转为形容一个人以歪就歪，不能振作。例如："老李这么随坡儿打躺的不行，应该多多帮助他、教育他。"随坡儿打躺也有说"随窝儿（wōr）打躺"的，意义完全相同。

suì

碎末末儿（suì mǒ mōr） 很细碎的渣子。例如："这些菜都切成碎末末了，还怎么炒着吃。"第一个末念上声，第二个末念阴平。碎末末儿也可以说成"末末儿"。旧社会形容人的地位低，也叫碎末末儿。例如："我在这衙门里，还不是碎末末儿的差使。"这个碎末末儿，也可以说是"碎的烂的"。

碎嘴子（suì zuǐ zi） 爱多说话。这有好坏两方面：好的方面是遇事提醒人，坏的方面是说些闲言闲语。前者的例，如："我们社里的张老汉，真是碎嘴子，什么事他都管，可是说什么都是有用的话。"后例，如："听吧，南屋二大妈又碎嘴子唠叨起来了，左不是说些笤帚歪了、簸箕斜了没用的话。"

sūn

孙什钱儿（sūn shi qiánr） 形容钱数不多。例如："才花这么孙什钱儿，你就心疼了。"又如："你真可以的，考虑什么，孙什钱儿的事。"

sǔn

损人（sǔn rén） 刻薄人，挖苦人。《骆驼祥子》："铁旦，你找揍啊？你他妈的损人。"这是近五十年来流行起来的语汇。

suō

缩缩儿密（suō suor mì） 说了不算，说了又收回去的意思。例如："你说给我一个日记本，怎么又缩缩儿密不给了。"又如："你自告奋勇地说这次晚会要表演一个节目，怎么事到临期，又缩缩儿密了。"

T

tā

他他儿（tā tar） 休息和临时住宿的地方。他他儿是满族语译音，原意是办公完了以后休息的地方。例如："我那个小他他儿不错呀，又有充足的阳光，空气也流通。"京剧《法门寺》里，有"我那个小他他眼儿"。他他儿一般写作"他坦儿"，也有说作"摊摊儿"或"塌塌儿"的。

tǎ

塔斯蜜（tǎ sī mì） 这是北京一般回民饭店专有的一种肴馔，就是做成甜味的羊肉。名词的来源：有的说是满族语译音，原意是糖炒羊肉；有的说是南方人不喜吃羊肉，所以用糖炒，并给它起名"他似蜜"。

tāi

胎骸（tāi hai） 说人的行动猥亵、下流、难看，不成人样。例如："冲你这胎骸，就干不了什么大事。"另外,也可以形容人的行为不好。例如:"一个人不能做胎骸的事。"第二个例的胎字,也可以念呆(dāi)。(这是个尚在流行的老语汇。)

tài

太以(tài yǐ) 过于、很的意思。《龙须沟》:"你可是太以的没福分啦。"

táng

膛了(táng le) 空了、很空虚的意思。例如:"快吃饭吧,我可饿膛了。"又如:"别看帝国主义貌似强大,内瓤儿早就膛了。"

搪脱马貌(táng tuō mǎ mào) 敷衍支吾的意思。例如:"我对你说什么话,你总是搪脱马貌,这是什么态度?"

搪脱马貌简化就是"搪脱",搪脱本意就是支吾、搪塞。北京口语里,叫作"搪一水"。

tāo

掏坏(tāo huài) 使坏,出坏主意的意思。《骆驼祥子》:"我往外掏坏的时候,还没有你呢。"掏坏也可以说"掏坏包""出坏拱子"。掏念阴平。

táo

掏换（táo huan） 想法子找寻一种不易寻找的东西。例如："大冬天实冷的，哪儿掏换甜瓜去。"掏换的含意还是有可能找的着的意思，并不是绝对不可能找到。掏念阳平。（冷字上加实字，也是北京一个语汇。）

桃儿不该杏儿该（táor bù gāi xìngr gāi） 形容人欠账（钱的债务或文字债务）太多的意思。例如："解放前夕他生活非常困难，到处欠人钱，真是弄得桃儿不该杏儿该的了。"又如："我真是桃儿不该杏儿该地欠了人家好几篇文债了。"

tào

套近乎（tào jìn hu） 想凭借私人关系，拉拢感情。北京话里所说套近乎，都是指着含意不纯正，想借着套近乎，个人得到好处的意思。例如："咱们讲的是公事，你别跟我套近乎。"套近乎也可以说"套拉拢""套交情"。

套着烂（tào zhe làn） 果子的腐烂，是一点一点向外发展，因之叫套着烂，转为人被腐蚀的形容词。例如："今天学会吸烟，明天学会喝酒，这么套着烂下去，你的生活就搞糟了。"又如："思想上有了问题，赶紧检查，别让它套着烂。"另外，套着烂还有一个只形容发展，而并不包含腐烂的意思。例如："你只要认识了一个本行人，套着烂，其他的人就都认识了。"实际，套着烂代替了慢慢的意思。

tè

忒柴（tè chái） 太糟糕、不强、劣等。这句话本是久已不说的北京老语汇，现在又在青年中间流行起来，使它成了活生生的新语汇了。例如："这场足球，乙队踢得忒柴。"忒和特读音相同，所以现在都用特字。

tī

梯己（tī ji） 自己、私下的意思。按原意应作体己。自己私下里有些积蓄，叫作"梯己钱"。例如："我这有些梯己钱，送给你买果子吃吧。"说知心的话，叫作"梯己话儿"。例如："他们在这说梯己话儿呢，咱们躲开吧。"元曲里梯己作梯气，李文蔚写的《燕青博鱼》里有："又不曾说一句梯气话。"

tí

替另（tí lìng） 重新、另外的意思。例如："这篇稿子，写得不好，要替另写一篇。"又如《红楼梦》："贾政回到自己屋内王夫人等见过，宝玉贾琏替另拜见。"替在这里不念本读音去声，念口语音阳平。

提补（tí bu） 提醒的意思。例如："我要忘了词儿，您提补我一声。"客气话中也有请人说自己姓名的意思。例如:"您的大名,我真忘了,请您提补一声儿。"

tiān

添补(tiān bu) 增添的意思。例如:"我有了富余钱,就添补点手使手用的东西。"也有帮助旁人金钱的意思,和"贴补"相同。例如:"我那大小子,他的小孩子多,我得每月添补(贴补)他俩钱儿。"

天龙表(tiān lóng biǎo) 口语中代表"最美好、最完善、最了不起"等的东西,用作虚指。例如:"甭管你怎么说,就是说出天龙表来,我也不去。"北京话:"你说死了,我也不吃。""死"和"天龙表"意义相同。这种说法,在北京话里叫作"关门子誓",意思就是发个使对方不能驳回的誓言。例如:"明天我请您吃个便饭,您不去,是看不起我。"像天龙表一类的语汇,还有"大天""罗儿大天",用法完全相同。

tián

甜甘(tián gan) 说话使人喜悦。例如:"这个小孩儿,嘴儿真甜甘,见人先叫后说话。"

甜头儿(tián tour) 得着初步的好处。例如:"这件事,你可尝出甜头儿来了。"又如:"山东快书你别以为不好写,写出甜头儿来,你就爱写了。"

甜丝儿丝儿的（tián sīr sīr de）　有一点不太甜的甜味。例如："这种饼干，甜丝儿丝儿的，倒不难吃。"

填搡（tián sang）　没规律地胡吃。例如："你这么填搡，留神得胃病。"没次序地乱装东西。例如："这个箱子装书，可要有次序，不能乱填搡。"

tiǎn

腆胸迭肚（tiǎn xiōng dié dù）　形容一个人挺着胸脯走路的样子，含有讽刺的意思。例如："瞧这个人腆胸迭肚，大模大样的。"迭也可以写成叠。

tiāo

挑唺（tiāo chi）　挑剔、挑毛病的意思。例如："这么好的毛巾，没个挑唺。"挑唺在《红楼梦》里，写作"挑饬"："只求姨太太不要挑饬就是了。"

tiáo

调三儿窝四（tiáo sānr wò sì）　挑拨离间的意思。例如："别听他调三儿窝四的，自己应该有个主见。"明人杂剧里，窝写作斡，无名氏写的《货郎旦》里有："他正是节外生枝，调三斡四。"《红楼梦》："恼的是那狐朋狗友，搬弄是非，调三窝四。"窝不念阴平，念去声。

228

tiǎo

挑幌子(tiǎo huǎng zi)　旧时商店早晨开门叫"挑幌子",幌子就是市招儿,商店开门,必先挑挂上市招儿。例如:"那时候,老王天天在酒店刚一挑幌子,就钻进去喝酒。"还有代人受过的意思。例如:"你们做错了事,要大家承认,不能让一个人挑幌子。"

tiào

跳动(tiào dong)　形容一个人善于社会活动。例如:"这个人真能跳动,弄得会场多么活跃啊。"还有一个善于和人交往的意思。例如:"这个人真能跳动,什么样人他都认识,什么样人都能打交道。"

tiě

铁了心(tiě le xīn)　说人意念坚定。例如:"我对这活儿是铁了心了,非干成不可。"北京有一句形容铁了心的歇后语,是"吃了秤砣,铁了心了"。

tīng

听拉拉蛄叫唤去了(tīng là la gǔ jiào huàn qù le)　见"死"条。

听蛐蛐儿叫唤去了(tīng qū qur jiào huàn qù le)　见"死"条。

听听儿（tīng tingr） 稍微等一等的意思。例如："你别忙，这件事得听听儿。"又如："听听儿，他还有下回分解呢。"

tǐng

挺尸去（tǐng shī qù） 叫别人去睡觉，语气略含训斥的意思。例如："你别在这儿捣乱，挺尸去！"

tǒng

捅楼子（tǒng lóu zi） 惹祸或招麻烦的意思。"楼子"近来一般人都喜欢写成"漏子"，实际北京口语都说楼子。例如："你看，这个小伙子，耷拉着脑袋，一定是捅楼子了。"另外，还有"出楼子""惹楼子""找楼子"等语汇。

捅马蜂窝（tǒng mǎ fēng wō） 和捅楼子差不多，只是还有引起众人愤怒的意思在内；还有一个意思，被捅的是一群口舌厉害的人。不过捅马蜂窝比捅楼子分量更轻，有些开玩笑的意味。例如："你们瞧，二楞子在这儿讨人嫌完了，又跑妇女队捅马蜂窝去了。"

tōu

偷手（tōu shou） 简便的途径。过去偷手是有不太好的含意，随着社会制度的改变，偷手的含意也改变了。例如："在旧社会咱们做活儿不能不使个偷手，官工儿活慢慢磨嘛。"又如："在人民当家做主的新社会，咱们把每人的偷手都集中起来，就能找到窍门儿。"

偷油儿（tōu yóur） 偷闲、偷懒的意思。例如："这个人从前干活儿竟偷油儿，解放后可好多了。"还有一个有了闲工夫的意思。例如："你偷油儿到我家里去一趟。"

tóu

头拱地（tóu gǒng dì） 形容为人做一件事尽到了十分力量。例如："甭管怎么样，我头拱地也要把你这件事给办成了。"

头难（tóu nán） 什么事开始难，只要冲破了这一关，以后就再没有困难的意思。例如："小伙子干吧，什么事只有头难，不要害怕。"

tū

秃不剌茬的（tū bu lā chá de） 一件事没做完就放下了手，给人的感觉就是"秃不剌茬的"。例如："这件事就这么放下了，真觉得有点秃不剌茬的。"茬是庄稼收割后的剩茬，所以这个语汇也可以说作"秃个剌茬"或"秃茬儿""秃着茬儿"。

秃噜（tū lu） 有结扣散开、不够、泄露机密三个意思。例如："看，你的鞋带儿都秃噜了。"又如："我预备了十块钱，会花秃噜了。"又如："说话要留神，别把话说秃噜了。"

tuǐ

腿着（tuǐ zhe） 走着、步行。例如："才这么远的道儿，我腿着去就行了。"在北京口语里，腿字不能儿化。

tùn

褪套儿（tùn tàor） 形容一个人答应了旁人一件事而又想不去做，但又不明白告诉对方。例如："老刘他这两天精神不好，礼拜天逛香山的约会他八成儿要褪套儿。"也有说了不算的意思。

tuō

托付（tuō fu） 求人代办事情。又有求人关照的意思。例如："我在下放期间，家里的事都托付李同志了。"又如："小孩子太小，求您跟校长给托付托付，关照一下。"

W

wā

挖鼻子扚眼（wā bí zi dào yǎn） 毫不留情的意思。例如："你这么挖鼻子扚眼地数落人，反倒不能让人信服你。"

挖单（wā dan） 双层布的包袱。例如："这块挖单，可真够好看的。"挖单是借用满族语。北京老变戏法的，当他抖落包袱、铺包袱的时候，总是先说几句开场白："挖单里儿，挖单面儿，没有挟带藏掖。"

wà

挖拉（wà la） 寻求比较不易寻求的东西，但不是急于要寻到。例如："你给我挖拉一本好的版画集。"挖念去声。拉也可以说作 lìn。

wāi

歪派（wāi pai） 给旁人造谣、编假话的意思。例如："你可别歪派我，咱们找大伙儿说说。"这个语汇，只限于开玩笑时用。

wǎi

掰咕（wǎi gu） 弄，琢磨。例如："这个收音机没什么大毛病，掰咕掰咕就好了。"又如："这件事，可真没法掰咕。"掰咕也可以说"掰弄"。

掰泥（wǎi ní） 糟糕，但语气并不严重。例如："地里活儿这么忙，这两天偏偏下雨，掰泥不掰泥。"北京老歇后语："兔儿爷掏耳朵，掰泥。"掰泥的掰字，正字是臽。

掰着（wǎi zhe） 用胳膊挎着东西。例如："你拿着包袱，我给你掰着篮子。"掰着是从"扤着（kuǎi zhe）"韵转来的，扤着是从"挎着（kuà zhe）"声转来的。

歪剌骨（wǎi la gǔ） 小孩子走路髁骨外倾，叫作歪剌骨。例如："这孩子这么歪剌骨，穿什么好鞋也不行。"明人沈德符写的《万历野获编》，说妇女的行为恶劣，是"歪辣骨"或"瓦剌姑"，现在北京话里，没有这样的含义。歪念上声。

wài

外道（wài dao） 客气，不以自己人相待的意思。例如："你这么客气，可真对我太外道了。"又如："咱们不外道，有什么吃什么。"

外话（wài huà） 北京过去封建统治阶级使用的语

言叫"官话",市面上的流行的话叫"外话"。《儿女英雄传》里说安公子:"听见人说句外话,他都不懂。"现在,外话这个语汇还存在,只是专指下流话。外话还有见外的话的意思。《红楼梦》:"别说外话,咱们都是自己人。"

外快(wài kuài) 指某些不应得而得的钱财。例如:"外快还富得了人?"外快还有"外话"的意思,不过比外话更二流子气一点的,才能叫外快,例如:"李家这个小四儿,一嘴的外快,要好好地教育教育!"

wān

剜转(wān zhuan) 千方百计寻求的意思。例如:"你给我剜转一个合适的助手,那才对工作有好处呢。"剜转和掏换意义差不多。《儿女英雄传》用这个语汇时,写作"湾转"。北京语汇里,形容剜转再剜转为"剜转周折"。例如:"这个东西,剜转周折的也给你找到了。"

弯子转子(wān zi zhuǎn zi) 想法、心眼儿。例如:"你得留神这个人,他弯子转子的太多。"

wán

完蛋了(wán dàn le) 见"死"条。

玩意儿(wán yìr) 过去北京人对曲艺、音乐、小戏等都不重视,认为只是供人娱乐的东西,所以统称叫玩意儿，演员叫唱玩意儿的、说玩意儿的。解放后才纠正了这种偏见。《红楼梦》写贾敬生辰，贾琏问："有什么玩意儿没有？"另外，儿童玩具也叫玩意儿。对小孩子喜爱，也说"我们的小玩意儿"。

玩儿完了（wánr wán le） 动物死了，东西弄坏了，或事情做糟了。例如："这个猫玩儿完了，救不活了。"又如："这个无线电收音机，经你这么一掇弄，算是玩儿完了。"开玩笑时说这个语汇，可以说 wàr wán le。另见"死"条。

wǎnr

碗儿钱（wǎnr qián） 在茶馆喝茶时所收的每人的水费，叫"碗儿钱"。例如："每位茶叶五分，碗儿钱五分。"碗字如果不儿化，那就成了"碗钱"，指碗的价值了，从这个语汇，可以看出"儿化"在北京话里的作用。

wáng

王道（wáng dao） 厉害的意思。例如："大脑炎、猩红热这种病，可太王道了。"又如："你太王道了，说话就瞪眼。"

王温儿（wáng wēnr） 稀松的意思。例如："这件事，办得怎么这么王温儿。"又如："这个东西，可真王温儿，一点儿不结实。"语汇来源不详，这许是和歇后语

"王胖子的裤腰带，稀松平常"一样的语汇，王温儿、王胖子都是虚指。

wǎng

往出臭臭（wǎng chū chòu chou）　自己家庭里的一些生活琐事由自己家里的人往出传播。例如："人家家庭的事儿，咱们不要打听，他们自己往出臭臭，咱们不要管。"

往后蹭蹭儿（wǎng hòu cèng cengr）　等一等，挨一挨的意思。例如："这事儿不忙，往后蹭蹭儿再说。"往字在北京口语音里，也可以念去声。

往里傻（wǎng lǐ shǎ）　形容人表面浑实，实际是很聪明。例如："他傻？他往里傻，多么难捱咕的活儿，到他手里一鼓捣就行。"这个语汇也可以说成"往里傻不往外傻"。

wàng

妄口巴舌（wàng kǒu bā shē）　平白造谣，诬蔑旁人。例如："你说话不要这么妄口巴舌的。"《红楼梦》："必定还要妄口巴舌血淋淋的起这样恶誓吗？"

wéi

为人（wéi rén）　有做人和对人关系好两个意思。例如："这个同志为人很好。"又如："他到什么地方都为人（儿），人都跟他合得来。"对人关系好这个为人，有时候可以儿化，有时可以不儿化。

wěi

委咕（wěi gu） 行动迟缓、磨磨蹭蹭的意思。例如："你委咕什么，还不快走。"明人沈榜写的《宛署杂记》："延迟曰委故。"《红楼梦》里写作"委琐"，袭人说宝玉："只管这么委琐，越发心里腻烦了。"按北京口语语意，实在应作"委缩"。这个语汇，如果作动词用，便有坐在那里不起来，往后用力坐并摇摆下肢的意思。例如："你别尽自委咕（委琐），那是刚熨平了的衣服。"咕、故、琐、缩都应该念轻声。

委怜（wěi lian） 倒霉、晦气的意思。例如："我真委怜，新买的一支钢笔会丢了。"又如："我一不留神，帽子掉河里了，多么委怜。"怜念轻声。委怜当是从"委屈"衍化来的。

偎窝子（wěi wō zi） 不肯起床。例如："他晚上不爱睡，可是天天早上偎窝子。"

wèir

味儿了劲儿的（wèir le jìnr de） 形容一个人对一件事不满意时脸上的表情。例如："瞧你这么味儿了劲儿的，谁惹你了？"这个语汇，也可以写成"劲儿了味儿的"。

wēn

温朴（wēn pò） 北京的一种食品。"温朴"是满族语译音，意思是蜜浸小山楂。

wén

纹缕儿（wén lǔr） 东西的条纹。例如："这个画，画的水纹缕儿真像。"又如："这种布，细得连一点纹缕儿都瞧不出来了。"

wěn

稳庄（wěn zhuang） 形容人头脑冷静，思想周密。例如："这种细致的活儿，必须找一个稳庄的同志去做。"稳庄也可以说"稳重"。

wèn

问一问（wèn yi wèn） 意思是对于沉重的东西，试一试能不能拿起来。例如："这么大的东西，不一定搬得动它，等我问一问它。"《儿女英雄传》："走到石头边，说'这得先问他问'。"

wèng

瓮声瓮气的(wèng shēng wèng qì de) 形容声音很大而不洪亮,仿佛在坛瓮里发声似的。例如:"这个人说话,瓮声瓮气的。"又如:"在山沟里一喊,真是瓮声瓮气的。"

wō

窝憋(wō bie) 心里有话碍着面子说不出的意思。例如:"这件事,叫我好窝憋,说不出来道不出来。"

窝脖儿(wō bór) 形容一个人做事碰了钉子。例如:"这件事可真让我来了个大窝脖儿。"又如:"让人窝脖儿的事,我从来不干。"由这个语汇,得来两个歇后语:"兔儿爷折斤斗,窝了犄角了","烧鸡,窝脖儿"。

窝和(wō he) 吆喝骡马牲口的声音,这是从满族语"石头"的发音转来的。意思是叫牲口留神石头,流行北京市内和近郊。远郊有的地方吆喝牲口用:"漤(jiàn)漤!"意思是叫牲口留神水坑,《顺天府志》:"漤,今京师驱车者呼之,其音如荐。"现在,不少写农村的作品里,也用这个口语。漤漤在有的作品中写作"价价"、"驾驾"或"架架"的,这是漤漤的声转。北京赶车工人招呼牲口,还有一个"dēr dā窝和",也是从满族语借用来的,意思是"拐弯抹角留神石头"。

窝心(wō xīn) 不顺心,办了不顺心的事。例如:

"这件事办得真窝心。"窝心也可以说作"窝囊（wōnāng）"。窝囊是形容人办事不痛快，缩手缩脚有话说不出、吞吞吐吐的样子。在加重形容人窝囊时，还用这么一句语汇"窝囊还叼着块肺"，肺和废同音，意思说这人是废物，这只是从怜爱出发的一种感叹语。例如："唉，怎么好啊！这个人真是窝囊还叼着块肺。"《龙须沟》："疯哥，也没人说你窝囊呀。"

wō zhe hē 这是纯粹有音无字的语汇。意思是一个人不告诉任何人径直就把事情做了。例如："这个人真可以，一声不言语，wō zhe hē 就把事儿办了。"但这个语汇，多数是用在责备方面。例如："我的车，他一声不言语，wō zhe hē 就给骑走了。"为了便于记忆，可以写出同音字"窝着喝"。

窝儿老（wōr lǎo） 指不懂世面、不通人情的人。例如："这是个窝儿老，别跟他打交道。"这个语汇，随着社会的发展，只有在老辈人口里还听得到，一般人都不大用了。窝儿老也可以说作"窝雏儿"。窝雏儿是从养鸟来的语汇。

wò

卧牛（wò niú） 这个语汇，加重语气，就成为"卧牛子（wò niú zi）"，轻读，就成为"卧牛儿（wò niúr）"。就是紧靠有倾圮现象的墙壁下面添砌的一道二尺上下宽的斜坡状的东西。例如："这垛后墙，一砌上卧牛子，可就牢靠多了。"

另外，在北京曲艺里，有一个曲种叫"岔曲"，岔曲共有六个过门，其中第五个过门，必须重叠一下，这个重叠，也叫作"卧牛儿"。例如："他唱这岔曲'风雨归舟'，那卧牛儿真有韵味儿。"

wū

乌程了（wū cheng le）　见"死"条。

无二鬼（wū èr guǐ）　无赖子的意思。例如："这个无二鬼又在这里吵吵起来了。""无"在这里念阴平。

乌焦巴弓（wū jiāo bā gōng）　这是借用"百家姓"里的四个姓，意思同"乌秃没咽"差不多。例如："我这支笔，乌焦巴弓地就没了。"又如："乌焦巴弓我就把钱花光了。"

乌剌巴秃（wū lā bā tū）　和"兀秃"相同，形容酒或茶水不热。例如："我就不喜欢喝这种乌剌巴秃的水。"但另有一个意义，是形容一件事没有下文，没有结果。例如："他们这场纠纷，没听说怎么样，乌剌巴秃的就完了。"北京有一句讽刺旧官衙的老歇后语："宛平县的官司，乌剌巴秃的。"

无里悠（wū li yōu）　无赖，但语气不严重。例如："咱们办这件事，谁也不许要无里悠，谁也不许说无里悠的话。"无念阴平,里念短轻声。《龙须沟》写作"无赖游":"大把抓无赖游。"无赖游和无里悠读音相同。

乌他(wū tā) 这是北京的一种奶制食品。乌他是蒙古族语译音,意思是奶制糖卷。

兀秃(wū tu) 水或酒不凉不热叫兀秃,元曲里武汉臣写的《生金阁》有:"酿些兀兀秃秃的酒与他。"现在,北京已然把这个语汇专用来形容水的凉热,不用来形容酒了。例如:"别喝兀秃水!"现在北京口语,已经没有叠用兀和秃的习惯,如果加重形容,就说"乌剌巴秃"。

乌秃没咽(wū tū mò yàn) 形容一件事不知所以的没有下文,没有结果,多用在和金钱有关的事情上。例如:"二十块钱,乌秃没咽就花没了,这怎么能行。"又如:"这件事,乌秃没咽的就算完了。"没念mò。

乌眼儿青(wū yǎnr qīng) 形容一个人愤恨别人的神气。例如:"你怎么老对我乌眼儿青似的,我招你惹你了?"

wǔ

五道庙儿(wǔ dào miàor) 指人的五脏,尤其指的是胃。一般认为人如果吃得合适,有好胃口,五脏就健全,就更有力气。这是北京城市劳动人民常说的语汇。例如:"如果我修好了五道庙儿,还能多扛一百斤。""嘴足""嘴足实""嘴壮""嘴壮实",全是修好五道庙儿的意思。

伍的（wǔ de） 一类的、什么的。例如："你净吃烂梨伍的，留神坏了肚子。"《龙须沟》写作"五的"："您就是不生病，吃呀、喝呀，五的，也都是三大妈、丁四嫂她们照应呢。"

五儿的（wǔr de） 打嘴巴的意思。打嘴巴是用五指来打，所以简称五儿的。《骆驼祥子》："惹火了我就真给你个五儿的。"五儿的也可以说"大五儿的"。

捂捂盖盖（wǔ wǔ gài gài） 遮遮掩掩，希图隐瞒缺点或错误的意思。例如："在今天，什么事捂捂盖盖是不行的了，大家眼睛是雪亮的。"还有一个意义是遮补漏洞，阻挡风雨。例如："解放前，我们家一遇见刮风下雨，就得捂捂盖盖的。"

wù

沍热了（wù rè le） 用热水或热的器物把食物、饮料、衣被弄热。例如："中药汤剂不能吃凉的，必须用开水沍热了才能服用。"沍不念本读音hù，念口语音wù。《红楼梦》里，沍写作渥，按口语音也应该念wù。

乌油儿黑（wù yóur hēi） 形容一种东西的黑。例如："这小姑娘，乌油儿黑的头发。"乌字在口语里念去声。

X

xī

嘻和蔼和（xī hē ǎi hē） 态度和蔼。例如："老张嘻和蔼和地,到底把售货任务完成了。"北京俏皮话里有"嘻和蔼和带凑合,蹬着窗台儿够窗户。"

稀嘛拉儿的（xī mā lār de） 稀少的意思。例如："天气冷了,公园里的游人,都稀嘛拉儿的了。"如果形容稀粥,就用"稀巴拉儿的"。例如："病人吃的粥,总是稀巴拉儿的好一些。"

稀稀罕儿（xī xi hǎnr） 少见的意思。例如："这个瓷小猫,可真是稀稀罕儿。"又如："你别以为你说的这是稀稀罕儿的事,谁都知道。"

xì

细发（xì fa） 很细的意思,也形容人皮肤的细嫩。例如："这玉米面磨得真细发。"又如："这个小娃娃,脸皮儿真细发。"

xiā

瞎掰（xiā bāi） 没用、白搭。例如："这棵树苗儿根都枯死了，你才来浇水，这不是瞎掰吗？"北京有一个歇后语，跟这个语汇没什么关系，只是借音，是"猴儿拿虱子，瞎掰"。掰当是白的同音异声。

瞎打混儿（xiā da hunr） 闲谈、瞎聊的意思。例如："大家正忙呢，你别在这瞎打混儿。"打混都是轻声。打混疑从"打诨"来的。

瞎诈庙（xiā zhà miào） 无故乱嚷，无故惊疑。例如："什么事都没有，你瞎诈什么庙。"又如："哪有人叫门，你瞎诈庙。""诈庙"二字也可以单用，不加瞎字。例如："大家都在这里聊天，你干什么诈庙？"也可以说"诈什么庙"。

瞎怔（xiā zheng） 找不着头绪的意思。例如："这件事，让我弄瞎怔了，一点也找不着头绪了。"

xià

吓毛了（xià máo le） 形容被惊吓时的惊慌样子。例如："他是被蛇吓毛了。"又如："吓得他毛毛咕咕的。"如果加重的形容，也可以说"吓毛了烟儿"。

下坡儿溜（xià pōr liū） 不向前赶，甘居下游的意思。例如："老二这份儿下坡儿溜，实在让人难过。"另外，有"顺坡儿溜"一个语汇，意思一样。

下作（xià zuo） 贪多、自己不能约束自己的意思，大部分指贪吃。例如："这个人吃饭真能搂菜，这个下作样子真难看。"又如："老孙喝起酒来太下作，谁都说他是个下坡子酒。"作念轻声。下作如果用来申斥人的时候，作字就重读念阴平。

xián

闲经儿难忍（xián jingr nán rěn） 一个人太清闲了，反倒没法排遣的意思。例如："这么天长老日的，一点事没有，真是有点闲经难忍了。"经念轻声儿化。jingr也可以念成der。那样闲经难忍也可以写成"闲得难忍"了。闲经难忍也可以说成"闲疯了"。

嫌脸（xián lian） 讨人嫌的样子。反过来，不嫌脸是讨人喜欢的样子。例如："这个小姑娘，真不嫌脸，真叫人可疼。"脸念轻声。

xiǎn

显撇（xiǎn pie） 自己显示自己，或显示自己有什么珍贵的东西的意思。例如："你那点能力，显撇什么。"又如："你不用显撇你那点宝贝，我也有。"显撇也有写作"衒襬"的。

247

xiàn

现钱闲的儿（xiàn qián xián der） 旧社会管乞丐叫"闲的儿"，也叫"打闲儿的"。另外，管那些没有固定工作，只做些零星活儿的、不做活便没饭吃的人，叫"现钱闲的儿"，意思是仅比乞丐强一些。这是个老语汇，虽然还在有人说，但实际今天社会上已经没有所谓现钱闲的儿了，保留这个语汇，作为社会资料。

xiǎng

响动儿（xiǎng dongr） 指自己所关心的声音，或轻微的声音。例如："老鼠夹子我上上食了，你听见响动儿，赶快叫我。"又如："我怎么老听院子里有响动儿。"

xiàng

像个人儿似的（xiàng gè rénr shì de） 形容一个人样子好看，或举动规矩。例如："这个孩子越大越有出息，真像个人儿似的了。"

xiǎo

小（xiǎo） 接近于，差一点儿就达到。例如："马爷爷都小八十岁了，还能劳动呢。"又如："小二十的人了，应该学了不少知识了。"

小班大儿的（xiǎo bān dàr de） 称小一辈的人。

例如:"你们这些小班大儿的,哪里知道当年红军走雪山、过草地的困难!"班字说时,也可说轻声,声音近于半字。

小蒙噌雨儿(xiǎo mēng ceng yǔr) 牛毛细雨。例如:"这么点小蒙噌雨儿,还挡得住谁。"北京口语,一般都说"小蒙蒙雨儿"。

小的儿(xiǎo der) 东西最小的一个,儿女最小的一个。例如:"这梨我要一个小的儿就行了。"又如:"这个孩子,是我们的小的儿。"

小俚戏儿(xiǎo lí xìr) 轻微的玩笑。例如:"老周这么不爱说话,有时候,我们还过两句小俚戏儿哩。"俚念阳平。俚戏二字,也可以单用。例如:"这件事是真的,不是和你俚戏。"单用,戏字不儿化。

小人儿(xiǎo rénr) 长辈嘴里对幼辈的亲昵称呼。也可以说"小小的人儿",长辈这样称呼晚辈,表面像责备,实际却是赞赏。例如:"凭你这个小小的人儿,也有这么大的能为。"

小小不言的(xiǎo xiǎo bù yán de) 没有多大关系的,不会发生什么影响的。例如:"孩子年轻,小小不言的说点什么,也就不必放在心上了。"第二个小字,不念轻声,这和北京口语遇到叠用字时,第二字常念轻声的规律不同。

xié

斜碴儿（xié chár） 一件东西被斜着劈开。例如："这个斜碴儿的木头，怎么能做桌椅。"北京形容斜碴儿，还有一句歇后语，是比较形象的，就是"黄瓜腌葱，大斜碴儿。"又两个以上的人在说话的时候，其中一个人说话态度不好，而且有挑衅的意思，大家就称他这种态度为斜碴儿。例如："老刘今天说话有点斜碴儿，大伙儿别理他。"

邪道味儿（xié dao wèir） 不正的味气。例如："这个茶叶怎么会有邪道味儿，许是放在香皂一起了吧。"

邪的歪的（xié de wāi de） 旧指迷信鬼神和不走正路，胡作非为。例如："什么供狐仙啊，供刺猬啊，我全不信，我就不信这些邪的歪的。"又如："一个人，只能规规矩矩地工作，不能有邪的歪的。"

邪活（xié huo） 超出寻常或过分的意思。例如："这个人可真棒的邪活，上百斤重的东西，扛起来就跑。"又如："这天儿可真冷得邪活。"

斜楞着眼儿（xié leng zhe yǎnr） 斜着眼睛。例如："这个孩子，斜楞着眼儿瞧人，多么淘气。"还有一个意思是形容二流子看人时不正派的神气。北京还有一句成语，也是形容旧社会里二流子的，"歪戴着帽子斜楞着眼儿，肩膀上扛着蓝布衫儿。"（衫，北京过去读音有两个，短衫念shān，长衫念shǎn，短衫可以不儿化，长衫必须儿化。)

鞋踢拉袜塌拉（xié tī la wà tā le）　形容人衣履不整。例如："你这么鞋踢拉袜塌拉的，怎么见人。"鞋踢拉也可以说"鞋塌拉"。《红楼梦》："正经兄弟，鞋塌拉袜塌拉的，没人看见。"塌拉和靸拉、拖拉含义相同。

xiě

血活（xiě huo）　大惊小怪的意思。例如："你血活什么，水烫了点肉皮有什么关系。"

写在瓢底下了（xiě zài piáo dǐ xia le）　北方多半用半个葫芦瓢舀水，瓢放在水缸里，当然瓢底下着水面，是不能写字的，如果写字，就会被水冲掉了的。这句语汇是形容说了话不算数的意思。是句开玩笑的话，不是郑重地批评。例如："得，我这句话，算写在瓢底下了行不行？"又如："你那天说的话，又写在瓢底下了。"

xīn

心肝儿肉（xīn gānr rou）　最喜欢的人，指的多半是晚辈儿孙。例如："我那个小孙女，是我们一家子的心肝儿肉。"《红楼梦》记贾母第一次见黛玉："心肝儿肉叫着大哭起来。"

心尖子（xīn jiān zi）　最心爱的东西或最心爱的人。例如："你可别动他那盆花儿，那可是他的心尖子。"又如:"小宝宝是妈妈的心尖子。"心尖子也可以说成"心尖儿"。

心里长牙(xīn le zhǎng yá) 志气坚强的意思。例如:"那小伙子可是个心里长牙的好战士。"

心窝子(xīn wō zi) 内心。例如:"我心窝子里有好些话呢,过几天再同你聊聊。"又如:"我把掏心窝子的话,都告诉党支部书记了。"

xíng

行动坐卧(xíng dòng zuò wò) 举止行动。例如:"这个人行动坐卧都那么有规矩。"又如:"这个人行动坐卧都跟他父亲一样。"又如:"从他行动坐卧上,也看得出他是一个老实人。"坐卧在北京话里,也念"作为"。

行化(xíng hua) 饭后做一些活动,以利食物消化。行化也说"行食"。《红楼梦》:"贾母便下地,和王夫人说话(儿)行食。"行食的行字也可以念上声。

行着眼儿(xíng zhe yǎnr) 眼睛很自然地看向一个方面,心里不想什么事,叫作"行着眼儿"或"行眼儿",这是休息脑力的表现。例如:"他一行着眼儿,你们就别打搅他。"

xǐng

醒攒儿（xǐng cuánr） 恍然大悟的意思。例如："咱们赶紧转移阵地,等敌人醒过攒儿来,咱们也就走远了。"又如："他一说这个道理,我才醒攒儿。"

xìng

性情㤙（xìng qíng zhòu） 思想不开展,有时固执己见地使性子。例如："老王这个人,就是这么性情㤙。"又如："瞧,老王又犯㤙了。"今天北京话里,㤙通常念作轴（zhóu）。董解元写的《西厢记》里有："老夫人性情㤙。"北京话说人犯㤙性,有时更形象化一些,说是"犯牛脖子",意思是牛脖子不容易转弯,另见"牛脖子"条。牛脖子也可以说"牛筋",也可以说"牛心",《红楼梦》："众人见宝玉牛心,都怕讨了没趣。"这个牛心,是现在北京话不常说的。

xióng

熊人（xióng rén） 训斥人。例如："你怎么动不动儿就熊人哪。"又如："他又把我熊了一顿。"熊人也可以说"熏人"。熊、熏都是训字的声转。

xiù

秀气（xiù qi） 形容物品的小巧玲珑。例如："半导体的收音机真秀气。"又有形容人的面貌清秀的意思。例如："这个小娃娃长得真秀气。"另外,还有便宜、省钱的意思。例如："一个人会买东西,就买得出秀气来。"

xū

煦火(xū huo) 稍微烤一烤。例如："这个馒头不太凉,在火上稍微煦火煦火就行了。"煦不念本读音去声,念口语音阴平。

嘘和(xū huo) 打招呼和慰问的意思。例如："客人来的时候,我们应该过去嘘和嘘和。"又如："老潘碰伤了,你应该去嘘和嘘和才对。"和不念本读音hé,念huo轻声,也可以念hu轻声。

xù

絮了(xù le) 厌烦的意思。看的、做的、吃的、听的次数多了后,产生的厌烦,北京话叫"絮烦",简化为"絮了"。《红楼梦》:"嫌吃絮了,不香甜。"

xuān

宣分(xuān fen) 松软。例如："这个馒头蒸得真宣分。"另外,还有对某人不满意,说作"对某人不宣分",这个分字,疑为愤字的轻声。

xué

寻觅（xué mo） 在北京话里寻觅这两个字，不念本读音（xún mi），念口语音（xué mo）。意思是随意寻找一种东西，但这种东西没有一定的准地方，找到固然好，找不到也没关系。例如："我去寻觅寻觅，瞧有什么可吃的，买点回来。"又如："大哥，你直眉瞪眼地寻觅什么呢？"

Y

yā

鸦默雀静儿(yā mo qiǎo jìngr) 形容没有声息。例如:"孩子们都鸦默雀静儿地睡了。"

yà

压根儿(yà gēnr) 从来的意思。例如:"北山,我压根儿没去过。""这件事他压根儿就不知道。"压念去声。五四以后的文艺作品里,首先被采用的一个北京话语汇,就是"压根儿"。

yān

烟不出火不进(yān bù chū huǒ bú jìn) 形容一个人慢性,不爱说话,这种慢性慢得甚至到令人发急的程度。例如:"你这个人真奇怪,叫你十声九不应,烟不出火不进的真让人着急。""叫你十声九不应"也是北京一个语汇。火不进的进字,也可以写成尽或烬字。

淹没(yān mo) 本意是被水淹没,这里却借为虚用，和埋没的意思相同。例如："我这一片好心，全让他淹没了。"淹没在北京口语里，还可以说作"淹浸（yān jin）"，浸念轻声。

淹心（yān xīn）　难过的意思。例如："这件事，真让我淹心。"又如："老这么下雨，真叫人淹心。"淹心也可以说"熟心"。

yán

严可严儿（yán kě yánr）　很满，严密到没有一点空隙。例如："今天上座儿已然严可严儿了，一张机动票都没有了。"又如："你赶火车，怎么严可严儿的时间才来呀。"前一个例子，也可以说"严了眼儿了"。后一个例子，也可以说"严可将严儿"。"上座儿"互见"上座"条。

yǎn

眼皮儿杂（yǎn pír zá）　形容认识的人多。例如："老四做社会工作合适，他眼皮儿杂。"又如："眼皮儿杂的人，学地方语言方便些。"皮字儿化。眼皮儿杂也可以说"眼皮儿宽"。

眼泪（yǎn lèi）　在北京语汇里，形容流眼泪和流泪之前的语汇很多，现在采用三条，以概其余。

①**眼泪扑蔌**（yǎn lèi pū sā）　蔌念撒。眼泪很多，但

没流下来。这是形容悲痛的一个阶段,有悲哀,有后悔。例如:"小方做错了这件事以后,眼泪扑簌地对我说。"

②眼泪围着眼圈儿转(yǎn lèi wéi zhe yǎn quānr zhuàn) 也是形容悲痛的一个阶段,强忍悲痛或后悔万分。例如:"金花瞧见这个情况,眼泪围着眼圈儿转,强忍着没哭出来。"

③眼泪一横(yǎn lèi yì héng) 形容人在悲痛极了的时候,化悲痛为力量的表情。例如:"战士们眼看这个同志救不活了,一跺脚,眼泪一横,一齐要为这个同志报仇。"也可以说"眼泪横回去了"。例如:"那小伙子眼泪是横回去了,脸皮别了个铁青。"

眼力见儿(yǎn li jiǎnr) 说人机伶懂事。例如:"我这儿刚要动笔,小牛子怕我嫌吵,立刻出去玩儿去了,这孩子真有眼力见儿。"力也可以念le。

眼面前儿(yǎn mian qiánr) 普通常见的。例如:"这点眼面前儿的活儿,谁都做得了。"又如:"他参加扫盲学习以后,眼面前儿的字,也认识不少了。"

眼子钱(yǎn zi qián) 眼子是空处的意思,钱花在空处就叫眼子钱。例如:"人家连你叫什么都不知道呢,你干吗请他吃饭,这叫花眼子钱。"江湖"春典"管这种花眼子钱的叫"空子"。

眼儿猴了(yǎnr hóu le) 见"死"条。

眼罩儿(yǎn zhàor) 保护眼睛的东西叫眼罩儿,转为人的保护者。例如:"你有眼罩儿我也不怕。"又如:"你不用逞威风,我非摘了你的眼罩儿不可。"

yàn

厌气(yàn qi) 讨人嫌的意思。例如:"这个人说话办事太厌气。"又如:"你瞧他吃饭的样子,多厌气。"

酽儿咕(yànr gū) 难听,使人难过。例如:"谁招你了?你怎么总说酽儿咕话。"又如:"咱们不过这个,你别酽儿咕我。"语汇的来源,茶太酽了味就苦涩,酽儿咕有涩得令人难过的意思。

yāng

秧擎着(yāng qing zhe) 一个人有了疾病,慢慢地疗养,叫秧擎着。例如:"我这个病,三天好,两天坏,就这么秧擎着吧。"秧擎也有细心培养的意思。例如:"这棵小桃树儿,真叫你给秧擎大了。"

yáng

羊上树(yáng shàng shù) 形容一个人别人越用好话劝他,他越发不肯听从的意思。例如:"这个人是个羊上树的脾气,甭理他,一会就明白过来了。"

yǎng

仰巴脚子（yǎng bā jiǎo zi） 形容一个人仰面摔倒卧地的姿态。例如："这下子可不轻,摔了个大仰巴脚子。"如果光形容卧倒,子就改成儿了。例如："他仰巴脚儿躺了半天了,大概是睡着了。"

痒痒筋儿（yǎng yang jīnr） 说一个人最喜欢做的事情。例如："唱昆曲这是你的痒痒筋儿。"《儿女英雄传》："可正弹在安老爷的痒痒筋儿上了。"第二个痒轻声。

yāo

么蛾子（yāo é zi） 特殊的行动,突然来的变化。例如："大家都说吃过水面,你又出么蛾子说吃烙饼。"又如："挺好的一局事,没想到又出么蛾子了。"这个语汇也可以儿化,成为"么蛾子儿"或"么蛾儿"。

腰里横（yāo lǐ hèng） 旧社会形容有钱的人,依仗金钱不把别人放在眼里。例如："谁有钱谁腰里横。"也指有钱,例如："腰里横的人,说话没理也有理。"横念去声。这也是可以留作社会资料的一个语汇。

yáo

摇晃山（yáo huàng shān） 谎话,谣言,或不可靠的消息。例如："这句话,我听着总觉得有毛病,怕是摇晃山吧。"摇晃和谣谎音同，借用为造谣说谎。另一传说"摇晃山"是北京某古庙中的一座雕塑的浮山，一碰便要摇动，因此，借为摇晃山的同音字谣谎山。

爻象（yáo xiang）　配合得合适，叫合爻象，配合得不合适，叫不合爻象。例如："这个屋子里摆设得太不合爻象了。"语汇的来源，是由过去摆卦，爻象必须配合合适转借来的。

yǎo

咬手（yǎo shǒu）　形容天冷。例如："这天儿冷得咬人手。"

咬着不撒嘴（yǎo zhe bù sā zuǐ）　形容一个人自以为自己的道理对，固执己见。例如："你怎么不听听大家的意见，咬着不撒嘴，就犯主观了。"

yào

要核儿钱（yào hér qián）　旧时北京卖杏儿的表示他卖的杏儿价钱便宜，便宜到只值杏核的价钱，所以吆喝的货声是："蜜桃味儿的大杏儿哎，要核儿钱哎。"由这个货声转为一个人一件事办糟了，损害了这个人的"最低价钱"（包括妨害了这个人的"最低能力"）。当然这个最低价钱是抽象的。例如："竟会把衣裳做反了，真要了我的核儿钱了。"又如："这么点事，我会没办好，这不是要我的核儿钱吗！"又如："这么大雪，叫我怎么走，真要了我这两条瘸腿的核儿钱了。"北京歇后语："卖杏儿的说睡语，要了核儿钱了。"

要谎（yào huǎng） 旧社会里北京街头卖东西的，有讨价还价的坏习惯，而且公开的叫作要谎。例如："这个白菜，要谎四分钱一斤，不要谎三分钱。"现在这个语汇只用作虚指。例如："谁说话也不许要谎。"

要我的好看（yào wǒ de hǎo kàn） 一件事办糟了，自己脸上难看的反语。例如："这么搞，真要了我的好看。"好看在北京口语常爱说"好好看儿"。例如："这个活儿怎么也掰哧不对，这可真要了我的好好看儿了。"不好看的正语是"寒碜（hán chen）"，所以"要我的好看"这个语汇，也可以说"要我的寒碜"。例如："这事，可真要了我的寒碜了，这以后怎么办。"碜也可写成蠢字，但仍念chen。

yē

掖咕（yē gu） 不经意地放置东西。例如："这本书我掖咕在哪儿了？"又如："你把我围巾掖咕在哪儿了？"掖念阴平。

噎人（yē rén） 说话非常生硬，使人不好受。例如："你说的这个话太噎人，叫人没法搭茬儿。"

yě

野剌骨（yě la gǔ）　父母责怪孩子调皮，不肯读书，光会乱跑的意思。例如："你这孩子，成天瞎跑，简直是个野剌骨。"野剌骨也可以说"野剌梗"。

yè

曳把起来了（yè ba qǐ lái le）　支撑起来、扶养起来的意思。例如："我们好不容易，白手起家把这个事业曳把起来了。"又如："这个没娘的孩子，我好不容易把他曳把大了。""曳把"也可说"曳扯"，扯字念che或chi，都是轻声。

yí

一道箍儿（yí dào gūr）　旧社会形容一个人不贪人便宜，也不吃亏，很少和人来往。例如："这个人，没看他交过朋友，真是一道箍儿。"也可以说"一道箍儿死酱子"。按照北京话的发音规律，一字后紧跟的是阴平、阳平或上声字时，一念去声；如一会儿（会，上声）、一天（天，阴平）；"一"字后紧跟的是去声字时，一念阳平；如一概、一切（概、切，去声）。在一词一句的末尾一念阴平，如第一、统一、一一得一。

一个莲花一个牡丹（yí gè lián huā　yí gè mǔ dān）　形容人没准主张，一会儿一个主意。例如："你这么一个莲花一个牡丹的,叫人听哪个?"

一溜边光(yí liù biān guāng) 一片、一路的意思。例如:"这一溜边光的苹果树,都是我们公社的。"又如:"顺着这条路走下去,一溜边光的就到了县城了。"还有一个顺脚的意思。例如:"你不用专专派人送去,我一溜边光的就给你捎带去了。"

一溜神气(yí liù shén qī) 形容人的神气。例如:"他摇头晃脑,一溜神气地这么一说,大家都听愣了。"神可以儿化,气在这里念阴平,不念去声。

一市八街(yí shì bā jiē) 乱七八糟的意思。例如:"你才写了这么几个字,就一市八街地扔了这么一地的纸。"又如:"这屋子里一市八街的乱东西,也不收拾收拾。"一市八街也可以说"一市街""一天二市街""满市街",这三个街字在北京口语里念轻声。

一纳头(yí nà tóu) 埋头苦干的意思。例如:"小朱一纳头,专心研究起农具革新来。"比一纳头还普通一些的语汇是"一扎头",用法相同。

一嚏屋嚏(yí tì wū tì) 形容旧社会有钱有地位人的势派。例如:"《隋唐传》里的单雄信,说书人必须把他说得一嚏屋嚏的神气才行。"一嚏屋嚏也可以说"一嚏啊(ā)嚏"。

疑相(yí xing) 本来是好心,被人误解了的意思。又有由于误解,把事情弄得有了分歧的意思。例如:"本来说的是去北海公园，弄疑相了，他去中山公园了。"《儿女英雄传》："又弄疑相了。"疑（yí）也可以念阴平（yī）。相不念本读音xiàng，念口语音xing，在口语里，还可以念ying，全是轻声。《龙须沟》里，疑相写作"依性"。丁四嫂说："你们俩走依性啦。"

yǐ

以勒摩勒（yǐ lē mó lē）　以歪就歪，毫不在乎的意思。例如："你的生活这么以勒摩勒的，那还不糟了。"这是从满族语借用来的语汇，原意是"左右也就是左右了"。这个语汇，尚在流行着。

yì

一（yì）　满的意思，念去声。例如：一身汗，一屋子人，一盆子花，一池子鱼。

一把死拿儿（yì bǎ sǐ nár）　意思和一道箍儿差不多，但偏重金钱不出手的方面。另外，还有实心实意，专心工作的意思。例如："你别看他说说笑笑，对于工作可是一把死拿儿。"

一边弦子一边大鼓（yì biān xiān zhi yì biān dà gǔ）　是说两个人不对心思，说的只管说，听的却不一定听。例如："他说他的，我干我的，一边弦子一边大鼓罢咧。"

一鞭子一板子（yì biān zi yì bǎn zi）　旧社会，师傅督

促徒弟的方法，多半是打，徒弟学出能为来，便说："我这是一鞭子一板子磕打出来的。"因此，一鞭子一板子转用来称赞一个人下过苦功，苦学苦练过。例如："你别小看那个年轻瓦工，你一看他拿瓦刀，就知道是一鞭子一板子学来的。"

一铳子性儿（yì chǒng zi xìngr）　凭着自己一时的喜好。例如："你不考虑考虑，就一铳子性儿买了这件衣裳，这么瘦，怎么穿？"

一戳腔儿（yì chuō qiāngr）　一直干下去和一直没出差错的意思。例如："一个人要有专业思想，瞧人家刘师傅，一戳腔儿就干了四十年钳工。"又如："我这孩子，没病没灾的，一戳腔儿拉扯这么大。"

一滴滴儿（yì dī dīr）　极少的一点（用于液体物质）。例如："这么一大盆花儿，怎么浇这么一滴滴儿水。"又如："这个菜上，你浇一滴滴儿醋。"

一乏子（yì fá zi）　一些日子。例如："这一乏子，他进步很快。""那一乏子，我们是很紧张。"一乏子也可以说"一阵子""一程子"。

一根脖梁骨（yì gēn bó liáng gǔ）　固执己见的意思。例如："办什么事，应该多听取别人的意见，不能一根脖梁骨，只有自己想的对，那样就太主观了。"

一根固拉天儿（yì gēn gù lā tiānr）　讽刺一个人把一件极普通的事，说成极了不起的事。例如："你别一根固拉天儿地说上没完了,这个道理谁不知道。"固可以说成姑。固拉可以说成鼓儿。语汇的来源,是从"一更鼓儿天"来的,北京儿歌有"一更鼓儿天,猫儿拿耗子"。

一忽忽儿(yì hōu hour) 非常少的或非常小的一点。例如:"剩这么一忽忽儿饭,会吃不下了。"忽念口语音hōu,不念本读音hū。和这个语汇完全相同的,还有"一丢丢儿""一抠抠儿""一钉钉儿""一钉点儿"。

一壶醋钱(yì hú cù qián) 非常少的一点钱。例如:"买这么点东西,还为什么难,一壶醋钱的事儿。"

一局事(yì jú shi) 一件事、一场事的意思。例如:"咱们这一局事,局外人是不明白的。"这个语汇是从一局棋来的。

一雷二闪(yì léi èr shǎn) 很快地躲开的意思。例如:"我瞧他来了,我就一雷二闪地暗场下了。"另外有"闪起来""闪起身来""闪了"几个语汇,意思与一雷二闪相同。"闪了"是用得最普遍的一个。

一了(yì liǎo) 一向。例如:"张同志一了是个遵守劳动纪律的人。"元曲无名氏写的《争报恩》:"大奶奶一了是一个好人。"《水浒》:"那汉道,我一了不说价。"

一抿子(yì mǐn zhi) 一笔(钱),一件(事)。《红楼梦》:"若不够,哪里省一抿子也就够了。"

一脑门子官司(yì nǎo mén zi guān si) 形容人面有怒

色，要寻人打架、吵嘴的样子。《骆驼祥子》："打哪儿来的一脑门子的官司。"司念轻声。

一扑纳心儿（yì pū nà xīnr） 全心全意。例如："这老大伯，打土改以后，就一扑纳心儿地跟着共产党走。"又如："一个人，要一扑纳心儿地干一件事，没有不成功的。"

一扑心儿（yì pū xīnr） 专心爱做一件事。例如："小李一扑心儿地爱上开拖拉机了。"一扑心儿也可以说"虎着心儿"。

一骰儿成（yì shǎir chéng） 旧时代掷骰子，如果只掷一次，便成胜局，就称一骰儿成，转为形容人的作业一次成功。例如："真有孟师傅的，这么难的活，他一骰儿成地做出来了。"

一天二市街（yì tian èr shì jie） 到处和满地的意思。例如："我一天二市街去找你，也没找到你。"又如："看你把乱纸扔得一天二市街的，还不扫扫地。"一天二市街也可以说"一天二地"。这个语汇和"绕市街""一市八街"相同。

一条藤儿（yì tiáo téngr） 齐心合力的意思。例如："咱们几个人，只要一条藤儿，这件工作准可以提前完成。"

一汪水儿（yì wāng shuǐr） 形容人长得漂亮好看，又形容果品水分多。例如："这个姑娘，长得一汪水儿似的。"又如:"一汪水儿的大蜜桃。"前一个例子,也可以说"水铃铛儿似的"。

一窝儿八块(yì wōr bá kuài) 连大带小一家子的意思。例如:"谁家不忙呢,咱们一窝儿八块地上舅舅家去,不是给人添麻烦吗?"《红楼梦》把一窝儿八块写作"一窝一拖",如薛蟠说:"咱们这会子反一窝一拖地奔了去。""这会子"是这时候的意思,也是北京一个语汇。

一子儿(yì zhǐr) 就是一束、一小捆儿。《红楼梦》:"又拿起一子儿藏香。"

yīn

阴魂不散(yīn hún bú sàn) 这是用开玩笑的口吻说对别人纠缠不清。《骆驼祥子》:"你们真是阴魂不散哪。"阴魂也可以说"冤魂",这只是借用的一个语汇,本身并没有迷信色彩。

阴死巴活(yīn sǐ bā huó) 形容天气不开朗,火炉子不旺盛等。例如:"又不下雨,又不晴天,这么阴死巴活的天儿,真叫人难受。"又如:"这个火炉子,还不抖抖续新煤,这么阴死巴活的怎么做饭。"

yìn

饮马(yìn mǎ) 给马水喝。饮念去声。例如:"小孙,你去饮饮马去。"如马自动喝水,或马正在喝水,就不说饮水,而说喝水。例如:"马喝水呢!喝完水就拉来。"解放前,京剧演员在舞台上喝水,叫作"饮(印)场",是指"跟包人"给水喝。

yǐng

影子模儿(yǐng zi mùr) 曾有印象的意思。例如:"你说的这件事,我还记得点影子模儿。"又如:"你一说,我才想起你是小虎来,你还有点儿小时候的影子模儿。"模念木。

yìng

硬顶(yìng dǐng) 说话不婉转,对于对方的话不同意时,立刻用死硬话顶回去。例如:"你怎么对长辈说话,这么硬顶啊。"硬顶也可以说"死顶"。立刻顶回去,叫"热顶",北京歇后语里有"甑儿糕,热顶儿"。

硬郎(yìng lang) 形容老年人身体健康。例如:"老爷爷八十多了,还这么硬郎。"郎也可以写作朗。

硬气(yìng qi) 理直气壮的意思。例如:"谁有理,谁说话硬气。"

yōu

悠着点儿(yōu zhe diànr) 慢来,慢着点儿。《儿女英雄传》:"喂,你悠着点儿,老头子。"又如:"这种东西怕碰,拿的时候悠着点儿。"

悠着玩儿(yōu zhe wánr) 开小玩笑,说不相干的话等。例如:"老周,你别悠着玩儿了,咱们该聊正事了。"

yóu

油葫芦(yóu hu lǔ) 形容人身体特别肥胖。油葫芦是一种昆虫,样子像蟋蟀,但比蟋蟀肥大,因此借用来形容人胖。例如:"这个人胖得和大油葫芦一样的了。"葫必须念轻声,如果念本读音阳平,那油葫芦就指的是装油的葫芦了。

油水儿(yóu shuìr) 利益和食品中的油量。例如:"种这种庄稼,油水儿多。"又如:"这个点心,油水儿真大。"

油子(yóu zi) 事情懂得多或精于某件事的人,叫作油子。行为油滑的人,也叫油子。例如:"他买收音机,你一定满意,他是买收音机的油子嘛。"又如:"那个人是个油子,他做事永远不担沉重儿。"油子程度太厉害了,人叫他"老油子"。作为打鸟猎兽的"招子",也叫"油子"。作为招子讲的油子油字,《说文》做䍃。也可以写作由,即"由鹿致鹿"的意思。

yǒu

有把刷子（yǒu bǎ shuā zi） 有点能为、有点看头的意思。例如："这个人干活有把刷子。"又如："嘿，你做的这个洋娃娃，真有把刷子。"

有板有眼（yǒu bǎn yǒu yǎn） 板眼是戏剧曲艺音乐的节奏，转为办事有步调，不紊乱。例如："这个人真能办事，有板有眼的，叫人能顺着他的道儿搞工作。"反过来，便是"没板没眼"，在音乐上叫"不搭调"，也可以说"荒腔走板不够调"，也可以转为生活上的形容语。例如："小刘办事，没板没眼，专顾自己。"又如："你的话跟大家的意思不搭调啊。"又如："得，得，你别往下说了，荒腔走板不够调的谁也听不懂。"

有来有去儿的（yǒu lái yǒu qùr de） 心情舒畅，生活得有趣味。例如："老李一个人，并不闷得慌，而且过的日子还有来有去儿的。"有来有去也可以写成"有来有趣"。另外，"有来有去"有礼尚往来的意思。

有商量儿（yǒu shāng liangr） 有转圜的余地。例如："你说的这件事，我听着是有商量儿的。"反过来是"没商量儿"，例如："不按政策办事，是没商量儿的。"量念轻声儿化。

有腰子（yǒu yāo zi） 有胆子，有志气。例如："只要有腰子，什么艰苦的事儿，都能搞得成。"

有滋有味儿的（yǒu zī yǒu wèir de） 形容食品的味道

好,也可以转为生活的趣味。例如:"食堂里的菜,做得有滋有味儿的。"又如:"七十岁的李大爷除了担任一部分街道工作以外,还在院里种了些青菜,天天拾弄,天天浇水,他的生活,显得那么有滋有味儿的。"又如:"你听他唱得有滋有味儿的。"

yòu

又臭又硬(yòu chòu yòu yìng) 形容人个性倔强、态度生硬,但不全含贬义,多少含有称赞的意味。例如:"这老汉又臭又硬,什么事也不能通融。"北京歇后语:"茅厕砖头儿,又臭又硬。"

yuán

缘分儿(yuán fenr) 这是从"天生来的缘分儿"简化来的,原含有迷信色彩,后来泛指人与人之间的某种联系。例如:"他们俩一见就说得来,这是缘分儿。"

圆滚沦敦(yuán gu lēn dēn) 形容圆得像个球。例如:"这个圆滚沦敦的是什么东西呀?"又如:"这孩子穿得圆滚沦敦的。"又如:"这个圆滚沦敦的胖娃娃。"金院本里,圆滚沦敦也写作"邓虏沦敦",董解元《西厢记》里有:"生得邓虏沦敦。"滚念古的轻声,沦敦念lēn dēn。互见"邓虏沦敦"条。

原来档儿(yuán lái dàngr) 做成后没有经过修改的。

例如:"这件大衣,是原来档儿的东西,保管实在。"

yué

yué yue　是有音无字的一个北京语汇,形容吃零嘴,或稍微吃一点。例如:"这孩子净胡yué yue,留神生病。"又如:"时间不早了,现在随便yué yue点儿就行了,回来再吃吧。"

yuè

越劝越秧(yuè quàn yuè yāng)　越说好话越不听的意思。例如:"这个人越劝越秧,等一会他也许会明白过来的。"秧字是有音无字的口语,写作殃也可以。

yūn

晕哒忽儿的(yūn de hūr de)　精神迷糊,说话着三不着两。例如:"一个人成天老晕哒忽儿的,怎么搞工作啊。"这个语汇,多半用来形容喝醉了酒或太疲乏了的人。例如:"老郎又喝得晕哒忽儿的了。"

晕头(yūn tou)　指行动不太正常的人。例如:"天气都这么热了,他还没脱皮袄呢,真晕头。"程度深点的晕头,叫"大晕头",年纪轻的晕头,叫"小晕头儿"。

yún

匀和（yún he） 恰到好处，有不稠不稀、不粗不细等意思。例如："这个糨糊打得真匀和。"和在口语里，也可以念户（hu）的音。

匀溜儿（yún liur） 正适中，有不大不小、不粗不细等意思。例如："这把面条儿抻得挺匀溜儿。"

云山雾沼（yún shān wù zhào） 不着边际，没法捉摸的意思。例如："这个人没法办，说话总是云山雾沼的。"

Z

zā

扎堆子（zā duī zi） 聚在一起的意思。例如："这么大场子，大家别扎堆子，散开好看点儿。"北京有"热羊扎堆子"的说法。扎不念本读音（zhā），念口语音（zā），堆也可以念zuī。

扎筏子（zā fá zi） 以某个人为出气的对象。例如："你怎么跟我扎上筏子了。"扎筏子和"鼻子头"意思相近，扎筏子语意较重。这里的扎字，也可以念阳平。

咂摸（zā mo） 寻思、反复研究。例如："你咂摸咂摸这么做对不对？"这个语汇本是从嘴嚼东西滋味来的，所以有时就加滋味二字。例如："你咂摸过滋味儿来，就知道谁的话对了。"

扎上口袋嘴儿了（zā shàng kǒu dài zuǐr le） 旧社会形容穷人吃不上饭的悲惨情况。例如："唉！这两天简直是扎上口袋嘴儿了，分文不进哪。"

zá

杂八凑儿（zá bá còur） 拼凑起来的意思。例如："这是些杂八凑儿的饭菜，请你吃一点。"杂八凑儿是北京话，如果说"七拼八凑"，就是普通话了。

砸词儿（zá cír） 话说错了，事做错了。例如："我这话真砸词儿，一句话就把他得罪了。"又如："真砸词儿，我买的鞋太小了，不能穿怎么办？"

砸兑（zá dui） 说妥当了。例如："借车的事，你可跟人家砸兑好了，免得到时候误事。"又如："您甭管了，那件事我已经砸兑磁实了。"

杂拉骨董儿（zá lā gū dōngr） 繁多、渊博的意思。例如："我这些年来，买了不少杂拉骨董儿的破书呢。"又如："他一肚子的杂拉骨董儿的学问呢。"北京口语念快了，骨董儿便成了估冬儿的音。

砸了（zá le） 坏了、失败了的意思。例如："我这件事办砸了，真对不起人。"又如："多么丢人，这台戏我唱砸了。"砸了当然是从瓷器砸破来的。

砸锅（zá guō） 整个都坏了的意思。例如："咳！这事这么搞，那还不砸锅。"语汇来源，当然指做饭用的锅被砸，锅砸了，连饭也吃不成了，整个事情都坏了的意思。

zāi

栽跟斗(zāi gēn dou) 原意是跌了一跤，转用它来形容人事，就是丢人的意思。例如："这件事假如办糟了，咱们几个人都要栽个大跟斗。"北京还有一个语汇，是"栽跟斗抢脸。"例如："这种栽跟斗抢脸的事可没人做。"

zànr

赞儿(zànr) 本是赞词的意思，在北京话里意思是说歪话，这种歪话近乎独白，使人听了难过，但又不能反唇相讥。例如："听，马大爷又说赞儿了，我得躲开他老人家。"形容说赞儿，可以说"赞儿哄哄"，例如："他一天老赞儿哄哄的，谁受得了。"哄念hōng阴平。

zāng

脏心烂肺(zāng xīn làn fèi) 形容思想坏。例如："你不用脏心烂肺地疑惑人，他是好人。"说句文言，就是"勿以小人之心度君子之腹"。《红楼梦》："再遇见那样脏心烂肺的，爱多管闲事嚼舌头的人。"

zāo

蹧毁(zāo hui) 随意毁坏。例如："你不要蹧毁东西。"又如："可惜这么好的花儿，不知让谁蹧毁了。"

蹧毁的普通话，就是蹧蹋。北京说小孩子死了，也说蹧毁。例如："可惜这么好的孩子，会蹧毁了。"这个蹧毁也可以说糟蹋。

záo

凿四方眼儿（záo sì fāng yǎnr） 说一个人在一件事情还没办完之前，一定先要人家说出事情的结果来。例如："这件事，得办着瞧啊，你先跟我凿四方眼儿，我只能告诉你办得到，至于办得怎样，那得看事情的发展。"凿四方眼儿也可以说"凿四方窟窿"。形容凿四方眼儿的人，便说"死凿子"。

zǎo

早班儿（zǎo bānr） 说人起得早，来得早。不是指上班工作。例如："你真早班儿呀，离开会还有一小时呢。"《龙须沟》："大妈，今儿个早班（儿）呀。"

zēi

贼着（zēi zhe） 偷看，盯梢或在人群中看到自己想找到的人。例如："我贼着他半天了，他干的事，我都看见了。"又如："这个猫贼上我这条鱼了。"贼可以念阳平本音，但不如阴平生动。

zéi

贼白（zéi bái） 很白的意思。例如："这种漂白布，真是贼白贼白的。"很亮可以说"贼亮"。例如："他把皮鞋擦得贼亮贼亮的。"

贼了（zéi le） 机伶了，警惕性高了。例如："这池子里的鱼，现在可比从前贼了，鱼食下去，它就是不上钩嘛。"

贼胖（zéi pàng） 形容人显而易见的发胖，这里的贼和盗贼的含义丝毫无关。例如："这小伙子，吃得贼胖贼胖的。"

zéngr

甑儿（zéngr） 圈子、范围的意思。例如："什么事不能出甑儿，大小得有个四至儿，事情才能好办。"甑念阳平。语汇的来源，是过去人总把瓮甑一类固定容器，作为范围。四五十年前，北京有一种踢石头球的游戏，玩的时候，没有范围地踢，叫作"跑海"，在一个不大的范围里踢有障碍物（乱砖头）的球，叫作"踢甑儿"，甑儿就是范围的意思。

zèng

缯绷（zèng bèng） 一件柔软的东西（皮或布或纸）经过绷扯，而成为镜平，北京人形容这种平就说缯绷。例如："这个鼓皮，绷（阴平）得真缯绷。"如果是变成称赞的口气，例如"这个鼓皮，真是缯绷缯绷的"，这个绷字就应该念上声。这是一字三音的一个例子。缯也可以写成甑。

zhā

咋唎（zhā la） 形容说话声音大而又说得多。例如："这么半天光听你一人咋唎了。"咋唎也可以说成"唧剌咋唎"。

扎剌扎哄（zhā la zhā hōng） 形容一个人不安静，或办成了一点小事，就大喊大叫。也可以单用扎哄，哄念阴平。例如："你扎剌扎哄的干什么？"扎剌也可以写作扎里，里念轻声；也可以写作扎了，了字念重音。剌、里、了都是一样的口语。

扎煞（zhā sha） 张着两手没地方放。例如："你扎煞着两只手干什么呢？还不过来帮帮忙。"人在恐怖时的一种感觉。例如："你别说了，我头发根儿都发扎煞了。"扎煞也可以写作"挓挲"。

zhǎ

眨巴眼儿（zhǎ ba yǎnr） 两眼很快地一合一开。例如："你怎么不说话呀？光眨巴眼儿，就算没你事了？"又星光闪烁，也可以说"星星眨巴眼儿了"。形容很短的时间,例如:"这个事儿,一眨巴眼儿就过去了。"

zhà

炸塔了(zhà tǎ le) 发急,甚至急得嚷起来。例如:"听,那院嚷上了,准是四大爷又炸塔了。"炸塔了也可以说"炸塔""炸了"。例如:"别招你爷爷炸塔。"又如:"小五儿玩得好好的,怎么又炸了。"北京有歇后语"猴儿花,炸了",花是花炮。

乍着胆子(zhà zhe dǎn zi) 极力克制着害怕的感觉。《红楼梦》:"只得乍着胆子进来。"

zhái

择鱼头(zhái yú tóu) 解决头绪纷乱的问题。例如:"你们大伙儿是松心了,我择这个鱼头吧。"择在《红楼梦》里写作折:"我反弄了鱼头来折。"择、折在这个语汇里,都念zhái。

zhǎi

窄憋(zhǎi bie) 不宽畅的意思。可以形容环境,例如:"这间房子太窄憋,简直转不开身了。"也可以形容心情,例如:"我心里总觉得窄憋,请你给分析分析我的思想。"旧社会对于生活困难,也说窄憋。例如:"这个日子可太窄憋了,怎么活呀!"

zhān

沾补(zhān bu)　得到一点补贴的意思。例如:"这笔伙食结余钱,咱们每个人都沾补点儿。"

沾乎(zhān hu)　靠近,关系到。例如:"这种沾乎个人的私事,最好不要打听。"又如:"我们沾乎有点儿亲戚关系。"

沾利儿就走(zhān lìr jiù zǒu)　旧社会有一种做生意的,为了竞争,薄利多卖,叫作沾利儿就走。例如:"人家都看三成利,他是沾利儿就走。"这个语汇,现在都应用在虚指上了。

粘牙(zhān yá)　形容一句话太不好听,仿佛粘在牙上,不能流畅地说出来似的。这个语汇很形象。例如:"他说的这句话,我连学说一遍都觉得粘牙。"

zhǎn

展干净了(zhǎn gān jing le)　衣服上或书籍上,有了水湿,不横着擦拭,像用吸墨纸吸墨水似的用布吸拭,北京话叫作"展"。例如:"你衣服上的水,用布展展,千万别擦,一擦就落一片洇痕。"无名氏写的《白兔记》里有:"将身上衣服展干了。"另见"洇痕"条。

展样(zhǎn yang)　大方、好看,不小气的意思。例如:"这件流云百蝠的袍子,真是展样。"又如:"你吃饭展样一点,别把菜抢光了。"样念轻声。北京有"笑话人不展样,随后就赶上"的成语。

zhàn

站缸沿儿(zhàn gāng yánr) 站在缸沿上,是不能两边倒的,这边一倒,就要倒在缸里,那边一倒,又要倒在地上,因此,用来形容对两方面意见都不置可否的态度。例如:"这件事,你甭跟他要主意了,他现在是个站缸沿儿的人。"这个语汇含义比较轻松。沿也可以念去声。站缸沿儿在《红楼梦》里写作"站干岸儿"。

zhāng

张刀(zhāng dao) 举动浮躁,什么事不管与自己有关无关都要抢着参加。例如:"你张刀什么,还不安安静静坐会儿。"张刀也可以说"张神"。例如:"人家结婚,你干什么张神。"张神可以说作"张什么神"。

张罗(zhāng luo) 布置、安排、料理的意思。例如:"这件事,你不用操心了,我早都张罗下来了。"明人沈榜写的《宛署杂记》:"着忙曰张罗。"这是明人记的北京口语,张罗在今天已经没有着忙的意思。这是从古诗"南山有鸟,北山张罗"来的。

zhǎng

掌出去(zhǎng chū qu) 用婉转的话把人支开去。

例如:"咱们正要谈谈心,他坐着不走,让我给掌出去了。"

长尾巴(zhǎng yǐ ba)　北京管小孩子过生日叫长尾巴。《红楼梦》:"好容易狗长尾巴尖儿的好日子。""好日子"也是通常称人生日的一个语汇。例如:"等你好日子的时候,大伙儿给你贺贺。"

zhàng

仗腰眼子的(zhàng yāo yǎn zi de)　旧社会指可以作为依仗的恶势力。例如:"他有仗腰眼子的,他哥哥是'当朝宰相'吗?"

zháo

着落儿(zháo làor)　可以依靠或指望的基础。一个人没固定职业,没伴侣,都可以说没着落儿。例如:"解放后我进了工厂,有了组织关系,才算是有了着落儿了。"又如:"这个人没了妻子,没着没落的,怎么算个着落儿呀!"第二个例子的两个落字,第一个不儿化,第二个儿化。

zhǎo

找不自在(zhǎo bú zì zai)　旧时两个人吵嘴,一个人警告对方(多指要动武力)的话。例如:"你要这么挤对我，你可是要找不自在。"找不自在也可以说"找别扭"，比找不自在、找别扭客气一些，但语气更沉重的，是"找贵的"。另见"找贵的"条。

找碴儿（zhǎo chár）　寻衅的意思。例如："我没招你，没惹你，你为什么竟跟我找碴儿。"北京还有一个歇后语："镉碗的戴眼镜，找碴儿。"

找对头（zhǎo duì tou）　原意是找寻拼命的对象。现在用来形容人生气发脾气时找人吵架。例如："别理他，小周这么冒邪火，是找对头哪。"

找贵的（zhǎo guì de）　两个人对垒，一个人警告对方要动武力了，就说找贵的。贵的是厉害的意思。例如："你可是找贵的！"又如："你还要呲什么？找贵的容易！"贵的是贱的反语，找贵的就是讨贱的、找没脸的意思。找贵的也可以说"买贵的"。

找胡脸（zhǎo hú liǎn）　自找没趣的意思。例如："我说不叫你向他开口，你不听，事情没办成，找了个胡脸。"找胡脸也可以说"讨胡脸"。胡也可以写成糊。

找落儿（zhǎo làor）　找着落的意思。例如："我出门没准方向，正找落儿呢。"

找寻（zhǎo xun）　寻衅的意思。例如："我没惹你，你怎么竟找寻我呀！"在元曲里，写作"爪寻"，却不是寻衅的意思，而是寻找、寻觅的意思，李文蔚写的《燕青博鱼》里有："前街后巷便去爪寻他。"

找辙(zhǎo zhé)　找能以应付对方的言辞，或没话可对答，强词夺理的找话说，都叫找辙。例如："别说了，你找辙也说不出一个道理来。"辙是指车辙，车辙是车行的路，这里借用来指找话的可行的路。

zhào

赵望(zhào wàng)　着落、方向的意思。例如："你敢情有办法了，我还没赵望呢。"赵望多半指吃饭的着落。例如："你吃饱了，我还找赵望呢。"语汇来源不详。

照影子(zhào yǐng zi)　自己疑心。例如："他越琢磨这事，越照影子，到底把毛病找出来了。"这是从照镜子来的语汇。

罩着(zhào zhe)　气势足以压倒对方的意思。例如："有你老人家罩着，谁敢偷懒。"

zhē

遮勒机(zhē lē jī)　排场、名誉、声势或地位的意思。例如："我比不了你，我没你这么大遮勒机。"这是从满族语借用来的语汇，原意是"级别"。这个语汇，尚在流行着。遮念阴平。

折腾(zhē teng)　反复做一件事，折磨。例如："你有这么几件衣服，就穿了脱脱了穿，折腾上没完了。"

《骆驼祥子》:"你把你媳妇折腾死了,你又折腾你闺女。"折念阴平。为了加重语气,折腾也可以说作"瞎折腾""胡折腾""乱折腾""白折腾"。

zhé

折证(zhé zheng) 辩论、争辩的意思。例如:"你如果有理,你就跟他折证折证去。"元曲里吴昌龄写的《张天师》里有:"封姨你近前与他折证。"

zhě

遮溜子(zhě liū zi) 借故掩饰自己的思想或行动。例如:"反正你是不想到我家去,不用又借头痛遮溜子。"遮念上声。

遮说(zhě shuō) 遮盖自己的错误。例如:"你甭遮说了,你的老底儿人都知道了。"遮念上声。

褶子了(zhě zi le) 说事情办糟了、办坏了。例如:"这事,褶子了。"

zhè

这早晚儿(zhè zao wǎnr) 时间过久的意思。例如:"一清早就去了,这早晚儿还不回来。"早晚不限定白天或夜间。这早晚还有时间过早的意思。《红楼梦》:"这早晚(儿)就跑来做什么?"早念短轻声,音近于坐。

288

zhēn

真个的(zhēn gé de) 当真的意思。在这个语汇里,个必须念阳平,音同"格"。例如:"说真个的,我去行不行?"又如:"别闹着玩了,说真个的吧。"还有一个用法,是在真个的下面,省去"就做不了吗"半句话。例如:"这么一点活儿,我真个的哪!"全文就是"这么一点活儿,我真个的就做不了吗?"

真章儿(zhēn zhāngr) 确实可行的办法。例如:"什么事得有个真章儿,才能往下搞。"又如:"你这个人,一点真章儿没有。"

真着(zhēn zhe) 不假,清楚。例如:"同仁堂的虎骨酒,实在真着。"又如:"这本书别看字小,印得可挺真着。"

zhěng

整脸子(zhěng liǎn zi) 形容一个人不爱笑。例如:"这个人是个整脸子,永远没看他乐过。"北京形容整脸子,还有一句话:"这个人是见着饺子都不乐的整脸子。"

整天价(zhěng tiān jie) 成天,但有几个成天连续的意思。例如:"一个人不能整天价没工作。"又如:"整天价瞎晃荡,算个什么人哪。"价念jie,不念jià。

zhí

纸笔（zhí bi） 原意是记事的"功劳簿",大事能上这个"簿子",小事不能上这个"簿子"。例如:"我这点小事,上不了纸笔。"纸念阳平,笔念轻声。纸笔也可以写作"职本",本也念bi的轻声。

直过儿（zhí guòr） 一件事完成得顺利,没出差错。例如:"这件事办得总算落个直过儿。"

直溜（zhí liu） 形容直。例如:"这条大马路真直溜。"旧社会形容劳动人民的受苦情况,有一句话是:"嗳,这个人一辈子没吃过直溜黄瓜!"

直入公堂（zhí rù gōng táng） 开门见山,毫不婉转地说出自己要说的话。《骆驼祥子》:"可是,就这么直入公堂地去说,还是不行。"在这个语汇里的入字,口语多半念成了（le）。

zhì

滞碾（zhì nian） 形容人动作迟缓或工作拖拉,引起旁人心中不耐烦。例如:"这么一件事,滞碾这么些日子也不办!"

执手儿（zhì shǒur） 为两个不相识的人介绍认识。例如:"我认识张同志,老李给我们执过手儿。"又如:"喂,老孙,会上发言的那位是谁?希望你给我们执执手儿,我认识认识他。"执不念本读音阳平,念去声。

zhōu

挦(zhōu) 用力扶起卧倒的人或倾倒的东西。例如:"你把那病人挦起来,再给他水喝。"又如:"快把木头挦一把,别让它倒了。"明人沈榜写的《宛署杂记》:"扶曰挦。"挦在口语中,也可以念chōu。

zhóu

轴人(zhóu rén) 指想不通道理,听不明白旁人说的话,只认定自己道理是对的人。例如:"他是轴人,让他多想想。"北京歇后语的"水筲梁,死轴子",就是指轴人。形容轴人,也说"轴子牌儿的"。这里的轴同于怡。

zhǔ

矗天矗地(zhǔ tiān zhǔ dì) 直挺高大,多指没有限度的高大。例如:"这座民族文化宫,真是矗天矗地的一座大高楼。"这里便不能说出楼高多少层。又如:"矗天矗地的这么一个大旋风。"便是没限度的高大。

主心骨儿(zhǔ xīn gǔr) 准主意,可作为支柱的人。例如:"什么事有了原则,就有了主心骨儿了。"又如:"支部书记来了,我们就有了主心骨儿了。"

zhuā

抓尖儿(zhuā jiānr) 事事抢头份的意思。《红楼梦》："或有好事，他就不等别人去说，他先抓尖儿。"抓尖儿也可以说"抓尖儿卖快"。

抓挠（zhuā nao） 随意拿东西、打架、着落、手的乱动等意思。例如："我的东西，你别乱抓挠。"又如："说着说着他们俩又抓挠起来了。"又如："冬天老日的，有了白菜，就有抓挠儿了。"又如："这个小孩子会抓挠（念阴平）儿了。"后两个例子儿化。《龙须沟》："哪怕是做个小工子活呢，我也有个抓挠哇。"这个抓挠，也是着落的意思。

抓土扬烟儿（zhuā tǔ ráng yānr） 指社会上各种琐碎的小事。例如："街面上抓土扬烟儿的事情，老申他都懂得。"又如："不了解抓土扬烟儿，就没法和劳动人民交朋友。"扬不念本读音yáng，念口语音ráng。

抓瞎（zhuā xiā） 想不出办法来的意思。例如："这事儿，这么难弄松，可真让我抓瞎了。"另外还有一个语汇"抓扒子"，和抓瞎相同。

zhuǎi

zhuǎi误（zhuǎi wù） 车轮陷入泥坑，不能动转的意思。例如："我这辆车遇见zhuǎi误了，所以晚到了一会儿。"这个语汇，也可以转为形容人事遇到波折。例如："你搞工作，必须细心，不然是会遇到zhuǎi误的。"zhuǎi还没找到适当的借用字。

zhuān

专自觅缝儿（zhuān zi mì fèngr） 专心一意的，非常喜欢的意思。例如："他专自觅缝儿地跟乒乓球干上了。"又如："这孩子专自觅缝儿爱吃糖。"自字可以念 za 的短轻声。

zhuǎn

转过弯儿来（zhuǎn guò wānr lai） 想明白了道理的意思。《骆驼祥子》："怎么样，转过弯儿来了吗？"

zhuàn

转磨磨儿（zhuàn mō mor） 想不出主意，拿不定主意，来回打转的意思。例如："他想不出主意来，直在这儿转磨磨儿。"第一个磨字念阴平，第二个磨字轻声。

转影壁（zhuàn yǐng bi） 说一个人设法躲避另一个人。例如："小马一定拉我逛公园去，我是真没工夫去，我跟他转影壁了。"

zhuāng

装憨儿（zhuāng hānr） 装傻的意思。例如："有话说呀！别装憨儿呀！"

装模作样（zhuāng mó zuò yàng） 故意作态，不会装会，摆出一个样子来给人看的意思。例如："小李，你在这儿装模作样地干什么呢?"元曲里作"装么",无名氏写的《争报恩》里有:"向亲眷行怎肯装么。"北京话里还有"装着玩儿""装孙子",都是这个意思。

装人(zhuāng rén)　把旁人拉进对不起人,或拉进犯错误的圈子里。例如:"你干对不住人的事,你可别往里装我(人)。"又如:"你们捅娄子,可别往里装人(我)。"又如:"你们一声不言语地这么办事,不是往里装人吗?"

zhuǎng

壮了(zhuǎng le)　粗了、大了的意思。例如:"这棵树,长得都这么壮了。"因此,又衍化成多的意思。例如:"这个小组的售货货款,可壮了。"壮念上声,如果念去声,就当雄壮、健壮、壮大讲了。

zhuàng

壮了气(zhuàng le qì)　充满了热气的意思,从壮大转为充满。例如:"这屉馒头,壮了气了。"或"这屉馒头,壮足了气了。"或"这屉馒头壮满了气了。"壮满了也可以作为装满了讲。例如:"这窖白菜,壮满了得有一万斤。"又如:"壮满了煤,上足了水,单等开车了。"

zī

嗞喇（zī la） 小孩子哭闹的声音，也指小孩哭闹。例如："别让小孩子在这儿嗞喇了。"北京话嗞喇也可以说作"嗞哝"，哝念nèng。

滋毛儿（zī máor） 闹事的意思。例如："瞧你还敢滋毛儿？"如果形容人的头发蓬乱，也可说"滋滋着毛儿"或"滋毛儿大头"。更形象一点的，是"滋毛儿栗子。"不过形容人头发乱，正字是髭字，一般都写滋字。

滋润（zī rùn） 本意是含水合适，不干旱。转成食物适口，吃得舒服。例如："今天这顿饭吃得真滋润。"

滋声（zī shēng） 滋也可以写作嗞。滋声是出声。例如："吓得他不敢滋声儿了。""看你还敢滋声儿！"董解元《西厢记》里，是把滋字写作子字，如："牙儿抵着不敢子声。"

滋歪滋歪的（zī wāi zī wāi de） 形容在一种动作以后，身体感受到的程度之深。例如："这一来，把他乐得滋歪滋歪的。"又如："这一挑儿，才一百多斤，就把他压得滋歪滋歪的。"

呲嘴儿（zī zuǐr） 形容太阳初升，花儿初放。例如："三星儿在南，我就起来了，走了三十里地，到这儿，太阳才呲嘴了。"又如："这朵牡丹花呲嘴儿了。"又如："我起得早，牵牛花一呲嘴儿，我就起来。"

zǐ

紫了毫青（zǐ le háo qīng）　形容被摔伤或被打伤后身上皮肤的颜色,也指某种看不清的颜色。例如:"他不老老实实地走路,满街上乱跑,瞧摔得这个紫了毫青的,脑袋上来个大包。"又如:"画的这是什么画呀?这么紫了毫青的。"

zì

自个儿（zì gěr）　自己。例如:"这件事,我自个儿就能办得了。"个在这里念上声。

自磨刀儿（zì mó dāor）　把处理与自己有关的一件事的主权交给别人,自己听凭怎么办都成。例如:"这件事,我自磨刀儿了,你爱怎么办都成。"语汇的来源,是北京老饭馆有一部分熟识的顾客来吃饭时,自己不点菜,听凭服务员调度,叫作自磨刀儿。

字儿（zìr）　形容有学问。《儿女英雄传》:"姑娘字儿忒深了。"

zǒu

走了（zǒu le）　离开的意思。走的速度快些,就是跑。北京人说走和跑有下面几种说法:

①**颠儿了**（diānr le）　走了。

②**颠了**（diān le）　走了。从老语汇"颠儿了"简化来

的新语汇，现在极为流行。例如："你慢慢儿吃饭吧，我颠了。"又如："我还没说完话呢，他就颠了。"

③颠儿鸭子了（diānr yā zi le）　走了。北京人管脚叫"脚鸭子"，加起颠儿来，就成了"颠儿鸭子了"。

④挠鸭子了（náo yā zi le）　挠也是走或跑的意思。

⑤挠了（náo le）　挠鸭子了的简化。

⑥rōu了（rōu le）　形容走的动作，有脚步带风的样子。

⑦撒鸭子了（sā yā zi le）　撒有尽量的含意。所以这个语汇也有跑的含意。例如："他撒开鸭子这么一跑。"北京人说走，又有这么一句话："俩鸭子加一鸭子，撒（借仁的音）鸭子了。"

⑧日崩了（rī bēng le）　形容走得干脆。日念阴平。

⑨日了（rī le）　日崩了的简化。日念阴平。

⑩扔崩了（rēng bēng le）　形容决然离开这里。《红楼梦》："扔崩一走就完了事了！"

⑪拿鸭子了（ná yā zi le）　拿有命令的含意，拿鸭子是命令脚去走的意思。

⑫撩了（liāo le）　用轻松的口气说走。

走了榫子了（zǒu le sǔn zi le）　木架或木器制作的不好，日子久了，接榫的地方显出歪斜现象，叫作走了榫子，转用来形容人的容貌有了大改变。例如："这个人病得可不轻，一点儿看不出他原来模样了，人家说，这叫走了榫子，病是不容易好的。"又如："一个人甘居下流，日久就走了榫子，不赶紧挽救他、教育他，他就危险了。"这个语汇，还在流行着。

走了褶儿（zǒu le zhěr） 错了规矩制度。例如："咱们做什么事，都不能走了褶儿。"《红楼梦》："怕走了大褶儿的意思。"褶儿当是辙儿的意思。

走水（zǒu shuǐ） 有帐帘围檐、着火、丢钱三个意思。例如："这个戏台台帘的走水很好看。"又如："北边那个房子走水了，快去救吧！"又如："我真倒霉，一不留神，走了水了。"第三个例子的水字，是一般社会称钱的代用语。

zòu

造做（zòu zuo） 造读如奏。形容人做事不直爽，故意弄出种种姿态。文人称这种样子叫"故做态""矫揉造做"。例如："你造做什么，有什么说什么不结了。"《顺天府志》引《宁河关志》："奏做，不直爽也。"今天北京口语也说奏的音。

zuàn

攥人（zuàn rén） 欺骗人的意思。例如："咱们说真个的，谁也不许攥人。"

攥着帖呢（zuàn zhe tiè ne） 拿着把柄，拿着所有权的凭据的意思。语汇的来源是，过去各封建牙行，都有官家发给的凭帖，有帖的人，就有收税的专权，就能对旁人作威作福。例如："你干吗对我发威，你攥着帖呢？"帖念去声。

zuǐ

嘴把式（zuǐ bǎ shi） 把式是指武术说。武术是练的，不是说的，如果光说不练，就是嘴把式。例如："老刘是嘴把式，说了半天，什么也没做出来。"

嘴对着心（zuǐ duì zhe xīn） 心口相应的意思。例如："一个人说话，可要嘴对着心。"又如："你这话是嘴对着心说的吗？"

嘴冷（zuǐ lěng） 说话没有顾忌的意思。例如："我这话可有点嘴冷，请您原谅。"又如："你刚才说的话太嘴冷，看招得小王直不痛快。"在嘴冷以外，还有嘴懒、嘴勤、嘴敞几个语汇。

嘴碎（zuǐ suì） 有两个意思：第一是一个人爱多说话，多到招人讨厌。例如："王二什么事都嘴碎。"第二是一个人在工作上，喜欢多提醒人，人说他嘴碎，实际上是称赞他。例如："多亏张三嘴碎，不然又耽误时间了。"

嘴儿挑着（zuǐr tiǎo zhe） 旧社会形容对人专说好听的话，但实际上并不去帮助人。例如："那个人的话，千万别听,他是专门嘴儿挑着,什么事也给你办不到。"北京歇后语有:"狗掀帘子,嘴儿挑着。"

zuō

咋瘪子(zuō biě zi) 受训斥、碰钉子的意思。例如:"你要再胡闹,可就要咋瘪子了。"北京的歇后语有:"老太太吃柿子,咋瘪子。"

zuó

做样(zuó yang) 训斥小孩子举动不礼貌,不守规矩的话。例如:"人家都这么规规矩矩地坐着,你倒先抓吃抓喝,什么做样!"做念阳平。

zuǒ

左的(zuǒ de) 相反的,错误的。例如:"这件事,究竟应该怎么办,你说真的,可别给我来左的。"另外,含义相同,用法稍有差别的语汇,有"想左了""办左了""左了""左下去了"。

zuò

坐蜡(zuò là) 承担过错的意思。例如:"你办这件事,可要想得周密些,不然是会坐蜡的。"《龙须沟》:"今儿个还不一定有什么蜡坐呢。"又:"我说我今儿个又得坐蜡不是。"

做情（zuò qing） 有佩服、替人做主、摆排场三个意思。例如："一个人做出事来，得让人做情。"又如："这个办法，我给做情的。"又如："你一个人要这么多菜，干吗这么做情啊。"第三个例子，做情前面可以加穷字或瞎字，这是含有讽刺的意思。

坐务（zuò wu） 再来一回，再来一个的意思。这是由旧社会的赌博术语转来的。例如："这个菜真好吃，咱们再坐务一个。"评书里常用这个语汇。

附录
北京话中之表时法

荻 舟

  中国话中的表时法，普通是用"已竟""现在""将来"三种副词来表明，但在各地方言中，有时也另有表时的方法。如北京话中，表时的方法有三种：

一、用动词本来的形式

二、用助动词

三、用副词

现在依一般文法中"现在""过去""未来"三种时间，分述于下：

甲、表现在时法——又分二种

1.现在时用动词本来的形式，不加他词

例：

我说话。

他念书。

你吃饭。

咱们上那（哪）儿？

我们那（哪）儿也不去。

听戏不听？

2.现在进行时

（1）用副词——"正"，"正在"

例：

正说着话，他来了。

我进去时，他们正吃饭。

正在说得高兴，下起雨来。

来得好，我们正在猜闷儿呢。

（2）用助动词——"着"

例：

吃着饭就哭！

手里拿着书。

口里唱着，笔下写着。

钱，带着吗？

（3）用助动词——"哪"

例：

外头刮风哪。

我想法子哪。

掌柜的算账哪。

您听见他们说哪吗？

乙、表过去时法用助动词，约有四种：

1.用"了"字

例：

昨天说了一天话。

学了三年徒。

他去了一趟。

明天这时候完了吗？

2.用"过"字

例：

我到过法国。

王二说过这回事。

你看见过象吗？

仿佛来过似的。

3.用"来着"

例：

打球来着。

他们放火来着。

干什么来着？

4.用"的"字又分两种

（1）作动词用"是"的补足语，性质是过去分词。更可分为两项

　a　后带名词

例：

你是什么时候回的家。

我是昨天起的身。

（是）到一点钟才睡的觉。

（是）去年上的南京。

b　不带名词——因所带名词与主词同

例：

我不是坐车来的。

大会是十五开的。

茶叶是朋友送的。

（2）作假设语中的过去分词

例：

等我穿上的。

吃完了的。

那个说不的。

丙、表未来时

1.用副词——"回头""一会儿""明天""后天""下礼拜""两月后"……

例：

一会儿走。

回头出去。

明天吃什么？

后天开船。

下礼拜起放假。

两月后我上课了。

2.用助动词——"要""将要""打算""想""可以"……

例:

他要上广东。

三妹要走了。

公园将要开放。

我打算办一办。

你想那么办吗?

他几时可以来呢?

白涤洲先生这篇遗作,原载1929年6月26日出版的《国立中山大学语言历史学研究所周刊》"方言专号"。这个周刊、这个专号,都是已故语言学专家罗莘田老师(常培)主编的。

出版说明

　　《北京话语汇》是"北京通"金受申先生编写于二十世纪六十年代的名著。它是作者根据当时北京话使用的具体社会情境，结合历史文献及相关著作中的语料来编写的。本书提供了丰富的北京话素材，涉及北京话的文字、语音、语义以及使用场合等方方面面的情况。其大量用字和发音，和《北京土话》《北京土语辞典》《北京话词语》《北京话》等其他类似著作不尽相同。为了体现北京话的丰富性，保存作为民俗学家金受申一家之言的原貌，本次再版对书中的内容不做规范化统一。

北京出版社